国家自然科学基金面上项目（71373037）
国家自然科学基金管理科学部主任基金（71240026）

Yuelu Economics Review

岳麓经济论丛

The Research of Economic Openness Promotes Technological Innovation

经济开放促进技术创新研究

杨晶晶　著

湖南大学出版社
HUNAN UNIVERSITY PRESS

内容简介

为了探寻经济开放对技术创新的影响，本书从出口行为、出口结构、外商直接投资、对外开放以及知识产权保护这几个方面对我国企业技术创新的影响进行了理论和实证研究。最后在分析影响我国企业技术创新影响因素的基础上，提出了促进我国企业技术创新的相关政策建议。

图书在版编目（CIP）数据

经济开放促进技术创新研究/杨晶晶著．—长沙：湖南大学出版社，2014．5

ISBN 978-7-5667-0647-8

Ⅰ．①经…　Ⅱ．①杨…　Ⅲ．①经济开放—影响—技术革新—研究—中国　Ⅳ．①F124．3

中国版本图书馆 CIP 数据核字（2014）第 099862 号

经济开放促进技术创新研究

JINGJI KAIFANG CUJIN JISHU CHUANGXIN YANJIU

编　　著：杨晶晶　著

责任编辑：姚　锋　责任校对：全　健　责任印制：陈　燕

印　　装：长沙瑞和印务有限公司

开　　本：710×1000　16 开　印张：10.75　字数：216 千

版　　次：2014 年 5 月第 1 版　印次：2014 年 5 月第 1 次印刷

书　　号：ISBN 978-7-5667-0647-8/F·366

定　　价：25.00 元

出 版 人：雷　鸣

出版发行：湖南大学出版社

社　　址：湖南·长沙·岳麓山　　邮　　编：410082

电　　话：0731-88822559(发行部)，88821691(编辑室)，88821006(出版部)

传　　真：0731-88649312(发行部)，88822264(总编室)

网　　址：http://www.hnupress.com

电子邮箱：408156105@qq.com

前言

中国的出口是推动经济增长的“三驾马车”之一，尤其是净出口直接构成国民收入决定理论中的重要一项。中国运用始于20世纪80年代的全球化浪潮快速推进出口导向战略，利用我国“人口红利”和粗放型资源投入所支撑的低成本优势在国际市场上攻城略地，积累了大量的民间财富和巨额官方外汇储备。但是2008年全球金融危机后，发达国家作为中国最大的出口市场需求疲软。出于扩张国内需求的目的，发达国家有采取贸易保护主义政策的倾向。我国原来的贸易模式受到了很大的挑战，转型便成了必经之道。十八大报告指出：适应经济全球化新形势，必须实行更加积极主动的开放战略，完善互利共赢、多元平衡、安全高效的开放型经济体系。要加快转变对外经济发展方式，推动开放朝着优化结构、拓展深度、提高效益的方向转变。中国从对外开放中积累了财富，也通过对外开放促进了技术创新。因此，很明显这条路应该继续走下去，并且向更深层次的开放推进。

经济开放对技术创新和经济增长的作用有点类似于在两个水位不同的容器之间增加了连通水道，两者之间的水位会逐渐趋向同一个水平。但是从技术创新的角度来看，这并不是一个此消彼长的零和过程，而是一个正和过程。技术较为落后的国家通过对外贸易或者引进外商直接投资学习并吸收先进的技术，在低劳动成本优势还没有消失之前沿着产业链向上发展，从劳动密集型转换到资本密集型，并进一步到技术密集型。做为技术领先国家，赶超国家的快速接近使得它们更具有危机感，从而继续加大自主科研投资，保持住领先的势头。在这种良性循环下，技术进步得以不断推进，创新成果层出不穷，既有亚当·斯密的“分工型增长”，又有熊彼特的“创造性毁灭”。科技创新是提高社会生产力和综合国力的战略支撑，必须摆在国家发展全局的核心位置。要坚持走中国特色自主创新道路，以全球视野谋划和推动创新，提高原始创新、集成创新和引进消化吸收再创新能力，并更加注重协同创新。

为了探寻经济开放对技术创新的影响，本书对开放经济条件下中国的自主创新，尤其是贸易开放对中国技术创新的影响进行了实证研究，对企业技术创新影响因素进行了实证检验，重点研究国际三种技术转移方式对我国技术创新的影响。在理论层面上比较全面、客观地阐述了开放对我国技术创新的贡献，并检验了我国“市场换技术”是否具有成效；就国际贸易、FDI 与我国技术创新的关系分别展开了研究，区分了出口、进口对我国技术创新影响的作用机制以及它们的关系研究；通过实证分析，探讨具有出口行为企业的高生产率究竟是由出口引致的自我选择，还是“出口中学”效应的存在，进一步考察“出口中学”效应在中国是否成立；从整体上研究了 FDI 对我国技术创新影响的实证研究，进而从产业、区域角度研究 FDI 与技术创新的关系，分析 FDI 对生产率溢出效应的产业以及区域特性；在界定知识产权、知识产权保护概念的基础上，探索知识产权保护、FDI、技术创新之间的作用机制。

本书是基于我的博士论文《经济开放促进技术创新的理论及实证研究》扩展而成。撰写本书的初始目的是为了探求中国三十几年来的经济开放对我国技术创新的影响，以至于对经济增长的影响。在这个过程中得到了师妹湖南大学王华博士的极大帮助，本书的一些章节参考了她的研究成果，在此对她表示衷心的感谢。我的硕士生于意、周洋、周定根和孙然在搜集、处理数据、制作图表和校对等方面做了许多有意义的工作，也一并致谢。

目　次

第1章 绪 论

1.1 选题背景

随着科学技术的迅速发展，技术变革对人类社会、经济发展产生了极大的影响。邓小平同志提出的“科学技术是第一生产力”的著名论断，推动了我国的经济增长向着依赖于科学技术进步的方向发展。胡锦涛总书记在2009年召开的全国科技大会上明确指出：“一个国家只有拥有强大的自主创新能力，才能在激烈的国际竞争中把握先机、赢得主动”，这是基于当今国际科技和经济发展态势而作出的重要论断。新经济时代下，企业的竞争、经济的发展和综合国力等方面的较量日益集中地表现在技术创新方面，科技创新能力成为各国，特别是发展中国家的战略举措。党的十六届五中全会把提高我国自主创新能力、建设创新型国家作为“十一五”时期的重要任务；党的“十七大”报告进一步明确了加强自主创新能力建设是我国未来技术、经济发展的必由之路；“十二五”规划也提出了要坚持自主创新、重点跨越、支撑发展、引领未来的方针，“提高自主创新能力，建设创新型国家”已经成为我国中长期的国家战略。

随着经济全球化的不断发展，国际贸易、外商直接投资(FDI)和信息技术的传播效应日益明显。由国际贸易与FDI带来的技术扩散效应极大地促进了新技术的交流与创新。目前，理论界把技术扩散的渠道分为三种：国际贸易、FDI和信息交流，其中国际贸易与FDI又是主要的传播渠道。自1978年我国实行改革开放以来，对外贸易总额不断上升，截至2012年，我国对外贸易总额已达到38667.6亿美元，经济开放程度不断加深。中国对外贸易和吸引外国直接投资逐年上升，已连续10多年成为对外贸易和吸引外资数额最多的发展中国家。对外贸易和外国直接投资对中国经济打破缺口局面、推动市场起步、促进经济繁荣以及维持近年来经济高速增长的贡献显而易见。但是一个不容回避的事实是：中国经济对外贸的依赖性异乎寻常的高。2010年中国的外贸依存度整体已高达50%以上。“以市场换技术”这一原则从效果来看，中国让出了市场并没有换取核心技术。“以市场换技术”变成了“以市场换资本、设备和生产线”。由于缺乏核心技术和自主知识产权，我国企业仍主要依赖廉价劳动力、资源消耗、土地占用和优惠政策赢得国际竞争优势，在国际产业分工中仍处于低端位置。与外贸总量增长具有同样重要意义的是外贸结构的变化，尤其是出口商品结构的优化与调整。1980 年初级产品和工业制成品在总出口中分别占比 50.3%和 49.7%，2011 年我国初级产品出口在总出口中的比率下降至 5.29%，工业制成品出口达到 94.71%，已初步完成从初级出口产品为主向制成品为主的转变。然而，站在对外开放的新时期、新阶段，我国贸易结构还存在较严重的问题。一方面，服务贸易发展比较滞后。2005 年中国服务贸易额与货物贸易额的比例为 1∶10.2，远低于世界平均水平的 1∶4.2。中国服务贸易还主要集中在劳动密集型部门和资源禀赋优势部门等传统服务业上，而在全球贸易量最大的金融、保险、咨询等技术密集和知识密集服务行业，中国还处于一个薄弱环节，仍处于初步发展阶段。2010 年中国服务贸易额仅占世界服务贸易额的 3%，居世界排名 20 位之后，与世界服务贸易发展水平相比较为落后，另一方面，最主要的问题集中表现在出口结构上。我国出口贸易额的 55%以上来自加工贸易，出口商品技术含量低，附加值少，在国际产业分工体系中始终位于产业分工链条的低端。尽管 90 年代后期开始，我国的高新技术产品出口迅速增加，从 1995 年到 2011 年，我国的高新技术产品占出口比重从 6.8%上升到 28.91%，其增长速度明显快于其它制成品，然而 90%高新技术产品仍以加工贸易形式出口。虽然有研究表明我国的出口结构已经从以低技术附加值出口为主转变到了以中等技术附加值出口为主，但出口结构的技术附加值与国际上发达国家相差甚远。这既不利于我国对外贸易稳定增长，更不利于中国经济的长期可持续发展。贸易结构，尤其是出口结构的优化与升级迫在眉睫。

在引起贸易结构变化的因素中，技术无疑是最关键的因素之一。自从熊彼特提出创新概念以来，技术创新理论的研究一直是理论关注的热点，其自身的发展与演化主要体现在以下方面：

第一，技术创新理论研究的视角呈现出多样化趋势。从 1912 年熊彼特在《经济发展理论》中首次将创新概念引入经济学的分析中，经过《资本主义、社会主义和民主》中对创新的分析和运用并最终形成较为完整的创新理论的体系后，创新理论的包容性逐渐增强。它不仅在经济学科体系下将产业组织理论、企业理论和区域经济理论等都融入到自己的分析范畴中，而且充分吸收和利用其他学科的研究成果，借鉴其他学科的研究方法和工具深化创新理论的研究。从现有关于创新的研究文献的分析中可以看出，创新理论日益成为管理学、社会学、生物学、哲学、心理学等学科关注的焦点，运用交叉学科对创新理论进行研究已成为创新理论重要的且有活力的趋势之一。同时,运用多学科的研究方法和成果对创新理论进行重新阐述,不仅检验了现有理论成果的合理性与正确性,而且也突破了创新理论研究的学科限制,为开创创新理论新的研究方向提供了可能性。

第二,技术创新的合作性与开放度逐渐增强。熊彼特提出创新概念之后的很长一段时间内,人们谈及技术创新时大多将其视为一种企业内部活动,创新活动被严格地限定在企业边界之内,这时的创新活动受到 NIH(Not Invented Here)和 NSH(Not Saled Here)思想的严重束缚。在这种主导思维逻辑框架内,企业通常将研发(R&D)职能集成到企业内部,通过独立设立的 R&D 机构,提高 R&D 的投资强度从而增强企业的技术创新能力。这种封闭的内在化创新模式在一定程度上推动了 20 世纪的技术变革和经济发展。但是 20 世纪 80 年代之后,尤其是进入 21 世纪以来,技术环境的复杂性和不确定性逐渐增强,创新能力和技术知识的分布越来越分散,这种条件与环境的变化必然要求企业调整原有的内在化创新模式。Teece(1986)明确指出无论从技术上还是从经济上,企业要独立进行成功的创新变得越来越困难。因此,许多企业开始注意到外部资源在技术创新中的重要性,企业更加重视能够跨越传统组织边界进行知识整合的创新活动。Miotti 和 Sachwald(2003)的研究结果表明处于技术发展前沿的企业、高新技术应用较多的企业、创新导向型企业比其他企业有着更迫切的从企业外部寻求合作的需求。Nohria 和 Gareia 等(1991)认为跨组织的联系逐渐被认为是通过共同学习、转移技术知识、资源互补提升组织创新能力的有效手段之一。在这种新的创新模式中,创新活动的合作性与开放度不断增强。同时企业创新活动的成本与风险也实现了有效的分散化,通过知识的有效流动与共享,企业的知识和能力缺口得到有效弥补,从而使企业的创新能力得到质的提高。

我国自改革开放以来,经过 30 年的发展,经济建设取得了举世瞩目的成就,成就了“中国奇迹”。在回顾改革开放以来的经济建设成就时,需要清楚地认识到:经济的高速增长在很大程度上是由资源密集型产业和劳动密集型产业支撑的,技术密集型产业的发展远未达到产业结构调整的需要,经济增长方式转变所需要的科技支撑还不够成熟和强大,科技产业化、社会化时滞过长。这种弱化的科技支撑能力对于我国经济结构调整具有很强的制约作用,在当前以创新和技术升级为主要特征的国际竞争中,我国必将处于不利地位。究其原因,主要是创新活动的缺乏和创新的社会化、产业化程度低。由于受计划经济的影响,我国的科技管理体系并不是真正的以市场为导向,而是层级制的科技管理体系,这种体系具有明显的政府主导倾向,企业并不是创新的真正主体。这就导致本不充裕的创新资源的不合理配置,其结果是最需要政府支持并有机会将创新成果转化为现实生产力的创新主体并没有得到支持，而得到支持的机构的创新成果并不一定能迅速转化为现实生产力，创新成果往往被束之高阁。因此，怎样改变这种状况，真正使创新活动具备市场导向性，最低程度地降低创新时滞，如何为“中国奇迹”提供强有力的科技支撑是目前亟待解决的问题。

第三，从目前国际经济发展态势和发达国家的实践来看，创新模式逐渐由封闭式创新转向开放式创新。信息化和全球化条件下知识的增长和扩散速度加快，知识的分散性明显，企业研发与创新周期缩短，创新活动的频率逐渐增强，这就对企业创新活动的开展提出了更高的要求。同时，随着信息化程度的提高，产业融合使企业的传统边界逐渐模糊与淡化，企业间高素质劳动力的频繁流动进一步扩大了知识传播的范围，而风险资本的介入为被搁置的创新成果提供了可行的商业化途径。在这种情况下，传统的封闭式创新模式已经不能满足实践的需要，开放式创新逐渐为企业所接受。在开放式创新模式下，创新活动突破了企业的边界，创新可由企业独立完成，也可与其他企业或组织合作完成，或者完全由其他企业或组织完成，通过风险资本的引入或创业型企业的成立将创新成果市场化，同时搁置于企业内部的未实现商业化的创新成果也能够实现商业化。因此，开放式创新模式下的创新活动具有很强的动态性和开放性，通过企业内外资源的结合，能够实现创新资源的合理配置，实现创新产出和效益的最大化。目前我国的创新模式还是以封闭式创新为主，创新活动主要依赖于企业内部资源，创新的开放度低，企业创新活动的动态性差。为了提高我国企业创新活动的效率，创新模式由封闭性走向开放性是必然选择。

开放条件下的技术创新，并不是闭门造车式的独立研发，也不是照搬式的全盘引进，而是利用全球开放市场条件，借助多种手段寻求技术支持和资源，实现关键技术来源的多元化，通过内部研发和搜寻，与吸收并利用外部创新资源相结合，整合各方面的科技力量，逐步提高自主创新能力和科技竞争力。在日益开放的国际环境下，我们有很多的途径和方式学习与借鉴国外先进科技成果。与此同时，改革开放以来，毋庸置疑在贸易和投资两方面取得了骄人成绩，但是数据背后隐藏着怎样的代价，有没有在实现增长的基础上实现发展，我国的技术创新有没有因为对外开放的深入而得到发展，这些都是我们亟待解决的理论问题。究竟哪些因素对我国的技术创新有显著的影响，这些因素又是通过怎样的渠道和机制作用于我国的技术创新水平，特别是在我国贸易顺差、外汇储备不断攀升和国际贸易总量迅速增长，由以前“双缺口”经济现实转变为现在的以缺技术为主导的经济形势下，如何科学引进外国直接投资以及如何从国际贸易中更好更快地吸收国外先进的技术和经验，这些问题是目前我国理论和决策部门关注的核心，也是本书研究的重点。尽管目前我国国际贸易研究领域的研究成果为数众多,但大多经验研究都采用了宏观数据,而中国的宏观数据难以从其相应的微观数据加总得到,通常存在一定的“水分”。基于此,本书同时选取了企业和产业数据,不仅保证了数据的相对真实性,也大大增强了其理论的说服力及可靠性。

1.2 选题意义

本书的研究在理论上以及微宏观层面具有重要意义。

基于内生增长理论的观点,经济增长是由于技术变化和进步所带来的结果,而技术进步和变化的核心在于技术创新,技术创新过程同时也是知识资本积累和再创新过程。在这一过程中内生增长理论的形成是沿着三条道路而发展的。其中的一条路线依靠生产和积累人力资本,另一条路线为依靠知识生产的直接积累。在这两个理论路线方向上,都强调了技术知识和资本作为中间产品投入生产过程中,使得收益递增进而促进企业(产业)的技术进步和创新,并且由于生产性投资引起企业的外部效应的变化,使得一个企业的技术变化(创新)能够被其他企业无偿地吸收和采用,引起更加广泛的生产效率的提高和收益的增加,这便是溢出现象的产生。从内生理论研究角度而言,技术溢出的产生有着较为复杂的背景,Romer(1990)在《内生技术变化》一文中所建立的模型阐述了这样一个观点:知识的积累对于知识生产产生了正外部性的同时也产生了知识资本积累的内生增长,从而促进了经济的长期增长。模型的关键在于新的知识具有两种性质:全排他性和非排他性,这两个性质的存在尤其是非排他性质的存在使得新技术知识的扩散成为可能,在内生增长理论中有着重要的研究意义和价值。因为经济中的报酬递增来自于技术知识的扩散,而只有技术扩散成本至少低于创新的成本才可以导致经济的报酬递增,才能达到经济的持续增长。

从微观角度理解,企业的核心竞争力与自身生存能力强弱以及其技术创新能力有着极大的相关关系。当企业从其他企业以不付费的方式获得新技术并在此基础上进行创新并获得较高的租金和竞争地位。同时,在此过程当中找出新突破口和途径并获得自身创新能力,这将是企业和经济单位从技术扩散中最期望得到的效果,这也同样是技术溢出效应对于企业(产业)产生作用与促使企业走向内生化技术创新,使得低技术国家企业赶超高技术国家企业的最终可能的途径。技术作为独立的经济资源在生产力中有着极重要的作用。对企业来讲,它可以有效地降低物耗、能耗、成本,并大幅提高生产力和经济效益。在市场容量、资源、环境的约束更为严峻的状况下,企业在竞争中的优势主要取决于技术转化为生产力的速度、规模、范围和效果。发达国家和新兴工业化国家及地区的发展经验表明，在影响企业发展的各类因素中，技术创新能力是具有决定意义的因素，它是实现科技进步、促进经济增长的根本源泉。

20世纪70年代以来，国际上已将技术创新状况作为评价一个国家经济增长和参与国际市场竞争的主要标志。技术创新的主体是企业，这是由企业在整个经济中的地位所决定的。研究技术创新的根本目的就是寻找科技促进经济增长的动力机制和以技术创新为动力推动企业科技进步的发展模式。技术创新对于经济增长和企业发展的重要意义主要体现在以下四个方面：①技术创新是获得高质量经济增长的突破口和唯一动力；②技术创新是改善产品结构、提高产品附加值、保证企业持续发展的根本途径；③技术创新是解决市场成熟化、替代化和发展新产业的有效方式；④技术创新是提高企业竞争实力，在激烈的市场竞争中获胜的重要手段。

宏观层面，技术创新能力既决定一个国家的科技实力，也是推动经济发展的重要因素，更是提升国家竞争力的关键。现在世界发达国家和新兴工业化国家都把增强技术创新能力作为提升国家竞争力的重要措施。技术创新能力主要是指技术创新支撑经济社会发展的能力。技术创新是现代化的发动机，是一个国家的进步和发展最重要的因素之一。重大原始性科技创新及其引发的技术革命和进步成为产业革命的源头，技术创新能力强盛的国家在世界经济的发展中发挥着主导作用。一项新技术的诞生、发展和应用，最后转化为生产力，自然，离不开观念的引导、支持和制度的保障。可以说，观念创新是建设创新型国家的基础，制度创新是建设创新型国家的保障。但发明一项新技术并转化为生产力、创造出新产品、占领市场并最后取得经济效益，这是只有技术创新才能实现的。随着知识经济时代的到来和经济全球化的加速，国际竞争更加激烈，竞争的实质是通过“制造差别化”来战胜竞争对手。技术创新可以利用自己研究开发的优势，在产品的品种、性能、质量等方面制造差别化；也可以利用先进的工艺设备，通过大规模生产降低产品成本，建立同等质量下的低价格优势；还可以利用流通领域的能力，通过优质的售后服务创造服务方面的差别化。不管哪一种差别化都可能获得竞争优势，但任何一种差别化都离不开技术创新。因此提高技术创新能力是推进经济结构调整和提高国家竞争力的中心环节，技术创新能力直接决定国家竞争力。改革开放20多年来，我国主要通过大规模的技术引进，以及引进外国直接投资，以市场换技术的方式，促进传统产业的技术改造和结构调整，取得了很大成绩。但是随着国民经济的不断发展，一些新的问题和矛盾开始显现。一方面劳动力成本越来越高，我国难以从单纯的劳动力比较优势当中获得应得的利益，另一方面在一些产业领域，正在表现出一定程度上的对外技术的依赖。在一定的条件下，技术可以引进，但技术引进不等于引进技术创新能力，技术创新能力是不可能引进的。实践证明,技术创新能力是内生的,需要通过有组织的学习和产品开发实践才能获得。我国的产业体系要消化吸收国外先进技术,并适时转化为适度的知识、资产就必须建立自己的研究开发平台,培养锻炼出自己的技术开发队伍。我们应当依靠自身的创造,在发展技术上,通过自主创新,提升产业素质。把资源决定比较优势转化为核心技术的竞争优势,应成为当前我国技术进步的立足点。在技术引进的基础上,把学习和再创新作为增强自主创新能力的重要途径。

本书的研究对于国家及地区制定更加科学的对外开放政策及知识产权保护政策同样具有重要的现实意义。要促进我国由贸易大国向贸易强国的转变,优化升级我国的贸易结构,必须依靠技术进步。尽管技术模仿和自主创新都是技术进步的重要源泉,然而随着中国工业化进程加快,以模仿为主的技术进步模式使得中国经济发展难以摆脱引进、落后、再引进、再落后的恶性循环。更关键的是"中国制造"虽数量巨大,但本土企业未能掌握核心技术而缺乏国际市场核心竞争力,存在被长期锁定于由发达国家跨国公司主导的全球价值链低端的可能,这样的经济结构既容易引发贸易争端,更不利于我国产业结构的提升。正如十七大报告所指出,要实现未来经济发展的目标,关键在于转变经济发展方式,大力推进经济结构战略性调整,特别注重培养自主创新能力。与此同时,技术创新与贸易结构的升级存在一定程度上的同步性。三次科技革命及随后的产业革命表明,一个产业的技术创新活动越活跃,使得创新成果的吸收融合能力越强,创新成果的商业化与产业化速度越快,并且两者之间具有较强的关联性和波及效果。这就可能引发新一轮的产业变革甚至产业革命,进而导致产业结构突变,实现产业结构的根本性调整和升级。坚持创新驱动,推进科技进步已经成为新时期我国实现科学发展的必然要求。

近年来,中国对自主创新的重视度日益凸显。我国研究与发展(R&D)经费支出以年均20%左右的速度增长,2011年达到8687.0亿元,已跻身R&D经费投入大国之列。汤森路透社发布的研究报告显示,中国在2011年成为了世界第一大专利申请国,超越了美国和日本。虽然我国技术创新能力取得一定的进步,但仍然存在隐忧与不足:出口产品的企业中拥有自主品牌的不足20%,以自主品牌出口的不足10%,平均每1.3亿美元出口才有一件国际专利申请,远低于整体发达国家的平均水平,"创新驱动型"的技术进步任重而道远。此外,为了保持自己的领先优势,西方国家对中国开始实行技术限制与封锁,跨国公司在技术输出、转让专利、抑制技术外溢等方面实行了一些新策略,我国企业很难突破发达国家及其跨国公司的技术垄断,难以获得有力的贸易地位。另外,还应该看到,长期以来,我国以高能耗、高污染的粗放型经济增长方式进行,虽然近年来慢慢向集约型发展方向转变,但是与世界先进国家相比,差距依然悬殊。通过政府的信息与研发支持对企业技术创新影响的理论与实证研究,以期提供企业技术创新的优势条件,对企业获取政府支持提供理论支持。综合评价部分城市经济发展水平与技术创新之间的协调度,全面认识技术创新与经济增长之间的现实关联性及协调情况,找出推动企业技术创新的真实动力机制,提供合理促进企业开展技术创新的启示性对策与建议。对一国经济的外部影响因素分区域、分产业、有取舍地引进和吸纳,而对于影响技术创新的内部因素,比如专利体制、政府扶持政策、R&D等本文都以数据实证了其重要地位,是制定科学配套政策的理论依据。就中国而言,一方面,跨国企业投资中国的主要动因是为了获得中国极度高产的劳动力储备;另一方面,中国政府倾注大量努力以吸引FDI进入资本密集型产业和高技术含量的产业,因此把握中国不同产业溢出效应的具体程度具有非常重要的政策意义。

1.3 本书内容及结构

本书共分九章:第一章是绪论,第二章是经济开放促进技术创新的研究综述,第三章是开放经济条件下中国的自主创新。本章首先提出国际技术扩散是技术进步的主要决定因素,当前大多数文献都是从FDI角度考量经济开放对东道国自主创新能力的影响。本章从开放经济,尤其研究贸易开放度和国际技术转移对我国自主创新能力的影响进行内在机理探讨和实证研究。为了探讨对外开放程度、经济发展水平和人力资本水平在我国东中西三大地区的差异性影响,本章分区域实证研究了贸易开放水平的外溢效应;建立国际技术转移影响企业技术创新的Probit模型,使用多变量的二元选择模型重点探讨国际技术转移方式对中国企业技术创新的影响,实证分析企业所能接触的三大类国际技术转移方式对于技术创新的影响作用,并考虑了国际技术转移方式对企业技术创新影响的区域和行业效应。

第四章是出口行为对中国企业技术创新的影响。本章首先分析了出口贸易对技术创新影响的作用机制,讨论微观企业层面出口行为对于企业生产率的重要影响。目前的实证研究主要围绕两个猜想展开:一是企业出口的“自我选择效应”,即出口是企业高生产率的结果;另一个是“出口中学效应”,即企业在出口贸易的过程中是否存在干中学。进一步采用我国企业数据实证分析出口行为与企业生产率之间的因果关系,综合运用各种估计方法,充分考虑出口行为和企业高生产率的相对时间,来检验这种高生产率、出口和企业生产率之间的正相关关系是企业“自我选择”效应的表现，还是由“出口中学”效应引起的。

第五章是出口结构对中国技术创新的影响。本章首先采用我国省际面板数据，利用显示技术附加值原理，在剔除了各类产品加工贸易后测算出我国出口技术结构。基于此，建立出口技术结构的决定方程，先后采用静态面板和动态GMM方法对出口技术结构的影响因素进行了实证研究。进一步借鉴Coe和Helpman国际研发溢出模型的思路，引入出口研发溢出因子，考察国际研发通过出口传导机制对国内全要素生产率的影响。采用1998—2006年我国28个省份的面板数据，实证结果发现出口结构的“出口中学”效应在国家层面是成立的，但在区域间存在着程度差异。进一步考察发现，通过出口结构所获得的国外研发的外溢效应并没能与国内的人力资本结合起来对技术进步起到应有的促进作用。

第六章是外商直接投资对中国技术创新的影响。本章在建立了外商直接投资影响技术创新的分析框架后，分别从地域和行业层面实证研究外商直接投资对技术创新的影响。从地域角度来看，构建了以技术创新能力、资金投入、人力资本、FDI为自变量的理论模型，考虑我国的特殊情况，在模型中引入了以非国有化水平、城市化水平和对外开放度衡量的制度因素。首先采用全国数据进行实证研究，表明增加研发投入是提高我国自主创新能力的主要渠道。我国应鼓励自主研发来促进创新，进而为经济可持续发展提供源源不断的动力和支持。考虑我国东中西部经济发展水平存在差距，接下来分别对三大地区进行FDI的技术溢出效应检验。进一步用一个思想实验来模拟不同的制度因素对地区技术创新的影响差异，模拟结果说明FDI对技术创新的影响不仅存在区域差异，在区域内部的省市之间也存在着明显的差异。从行业角度来看，首先讨论了产业层面FDI技术溢出的机制和途径，将FDI的技术溢出区分为横向和后向溢出。从行业从业人员和产出两个方面来度量这两种溢出效应，进一步建立实证模型，采用我国行业面板数据，实证考察FDI的技术溢出机制和途径。考虑到行业要素密集度的差异，对资本密集型和劳动密集型两类产业进行分样本回归分析和对比研究。研究表明，外国直接投资在我国产业层面上没有产生横向溢出效应，但是有正的后向溢出效应；在劳动密集型行业既存在负的竞争效应，又存在因为劳动力从外资企业回流到国内同行企业所带来的正向溢出效应。

第七章是对外开放、知识产权保护与技术创新。本章分别用省级面板数据和跨国数据研究对外开放、知识产权保护与技术创新之间的关系。在省级层面，实证考察了对外开放、知识产权保护与技术创新之间的关系。得出的结论为：国际贸易和FDI能显著促进国内技术创新能力的提升，但对外开放对我国技术创新的促进作用受到知识产权保护水平的影响，强化知识产权保护水平能增进对外开放的技术创新效应。知识产权保护水平的提高并不能显著促进我国技术创新能力的提升，这些结论不因技术创新能力指标选取的不同而改变。知识产权保护对技术创新能力的作用存在区域差异性，环渤海和海峡两岸存在一定促进作用，而中部、西部、北部湾知识产权保护水平的提高抑制了技术创新能力。在跨国层面，模型设定基于经典知识生产函数的分析框架，宏观层面技术创新首先取决于一国知识函数的要素投入，同时也取决于国内外经济、制度环境等一系列控制变量的影响。采用 2006—2008 年 27 个发达国家和 59 个发展中国家的面板数据考察了开放经济条件下技术创新的决定，并聚焦于比较分析知识产权制度与技术创新间的作用机理在南、北国家间的异同。得出的结论为：尽管知识产权保护在一定条件下促进了一国的技术创新，但过强的知识产权保护将降低技术创新的速率，因此存在一个最优的知识产权保护范围。进一步的研究表明，知识产权保护制度内生于各国要素禀赋所决定的经济发展阶段，发达国家的最优知识产权保护力度高于发展中国家。在控制可能的内生性问题后，主要研究结论仍显著成立。本研究无疑为理论中提出的“最优知识产权保护假说”提供了新的经验证据。

第八章是企业技术创新影响因素的实证研究。本章首先对企业技术创新的影响因素理论进行分析，将其区分为企业基本特征、内部管理体制因素（企业组织结构、企业人力资源状况）、企业外部环境因素（技术环境、企业国际联系、企业面临政府环境、企业市场环境、企业金融环境）三大类。建立多变量的二元选择模型对企业技术创新的影响因素进行实证研究，对比分析每一大类影响因素中各具体变量指标与企业技术创新的关联性是否显著，并考察区域与行业因素对技术创新的影响作用。

第九章是本书的结语部分。从总体构架层面总结本书前面部分实证分析所得到的结论。指出本书在学术研究和政策建议方面所进行的创新，明确以后进一步研究的方向。

第2章　经济开放促进技术创新的研究综述

2.1　技术创新理论及决定因素

学术界常把技术视为知识和信息，是一种共性知识的集合体。技术具有三个主要的特性：(1)技术是非竞争性的，也就是说技术的其他使用者的边际成本是可以忽略的；(2)技术投资的回报，部分是私人的，部分是公共的；(3)技术进步是企业持续、有目的地对产品和过程的发明活动进行投入的结果。自 Schumpeter(1926)之后，先后有数十种的技术创新定义被提出。早期的技术创新定义是在重新阐释理解 Schumpeter(1926)创新概念的基础上依据学者们各自不同的理解来定义的。其中影响较大的是 Solow(1957)在其《在资本化过程中的创新：对熊彼特理论的评论》一文中提出的技术创新成立的两个条件，即新思想的来源以及后阶段的实现发展，首次以阶段、过程解析 Schumpeter(1926)的定义。这个"两步论"被认为是技术创新概念界定研究上的一个里程碑。美国国家科学基金会(NSF)在《1976 年：科学指示器》中，将技术创新的定义界定为"技术创新是将新的或改进的产品、过程或服务引入市场"，明确地将模仿和引入新技术知识作为最低层次上的两类创新而划入技术创新定义范围中。许庆瑞(2002)在 80 年代中期对几十年来的技术创新概念和定义上的多种主要观点和表述作了较系统的整理分析，并在此基础上将技术创新重新定义为：技术创新是以其构思新颖性和成功实现为特征的有意义的非连续事件。这个定义包含两方面的特殊含义：一是活动的非常规性，包括新颖性和非连续性；二是活动必须获得最终的成功实现。

国内系统科学专家汪应洛院士认为：技术创新就是建立新的生产体系，使生产要素和生产条件重新组合，以获得潜在的经济效益。也就是从新概念的建立，到形成物质生产力，并成功地进入市场获得收益的整个过程。它包括科学发现、发明到研究开发成果被引入市场、商业化和应用扩散的一系列科学、技术和经营活动的全过程，它包括从最初的发现，直到最后商业化的成功。中共中央、国务院《关于加强技术创新发展高科技实现产业化的决定》[①]对技术创新的定义为：技术创新是指企业应用创新的知识和新技术、新工艺，采用新的生产方式和经营管理模式，提高产品质量，开发生产新产品，提供新服务，占据市场并实现市场价值，企业是技术创新的主体，技术创新就是发展科技、实现产业化的重要前提。傅家骥(1998)在《技术创新学》中认为，技术创新是指企业家抓住市场的潜在盈利机会，以获取商业利益为目标，重新组织生产条件和要素，建立起效能更强、效率更高和费用更低的生产经营系统，从而推出新的产品、新的生产（工艺）方法、开辟新的市场、获得新的原材料或半成品供给来源或建立新的企业组织，它是包括科技、组织、商业和金融等一系列活动的综合过程。需要指出的是，我国《国民经济和社会发展第十一个五年规划纲要》提出"自主创新"概念，并指出"自主创新，就是从增强国家创新能力出发，加强原始创新、集成创新和引进消化吸收再创新"。但这一概念与学术界对"自主创新"的理解有所不同，根据傅家骥(1998)的观点，"自主创新"是指企业通过自身的努力和探索生产技术突破，攻克技术难关，并在此基础上依靠自身的能力推动创新的后续环节，完成技术的商品化，获得商业利润，达到预期的创新活动。当自主创新表征一国的创新特征时，自主创新就指一国不依赖外部的技术引进，而依靠自身力量独立开发新技术，进行技术创新的活动。

在内生增长理论中，创新（Innovation）与模仿（Imitation）是促进技术进步，进而促进经济增长的两个基本途径（如 Dinopoulos，1991；Grossman 和 Helpman，1991；Segerstrom，1991；Zeng，2001）。对于一个后发国家而言，在技术进步过程中可获得技术的方式可归纳为两个基本途径：通过国内创新（Domestic Innovation）和利用国外的已有技术（即利用技术后发优势）(Blumenthal，1976)。Schumpeter 教授认为，经济增长最根本的源泉在于企业的创新活动，创新在经济发展过程中起着重要作用。企业家之所以敢冒险，进行创新活动，是因为存在创新会带来企业盈利的预期，驱使企业家敢于创新，同时，其他企业的模仿又会使创新引发的盈利机会趋于消失，从而解释经济周期问题。在 Schumpeter (1926)开创的创新理论基础上，技术创新理论的发展分为以下几类：①经济增长的技术理论。以 Solow(1957)为代表的新古典经济增长理论，首次将技术进步纳入经济分析的视野，推动了现代技术创新理论的发展。随后，以罗默为代表的新经济增长理论进一步把技术进步作为内生变量加以分析，较好地解决了技术

① 关于加强技术创新发展高科技实现产业化的决定[OL]，1999-08-20，http://www.chinawater.net.cn/CWSNews/990820.html.

创新作用分析的量化问题。②技术推广模式理论。Mansfield(1961)进一步发展了创新理论,对技术推广及其模式进行了研究,他所研究的技术推广模式主要解释为当一项新技术首次被某家企业采用后,究竟需要多久才能被该企业所在的部门采用。因此,曼斯菲尔德主要研究的是新技术在同一部门的推广问题,而英国经济学家特列比尔科克主要研究的是部门间的技术扩散问题。③技术创新进化理论。Nelson 和 Winter(2008)进一步克服了新古典学派和新经济增长理论非现实性基本假设的致命缺陷,分析了现实存在的非均衡、动态的复杂经济系统中的技术创新过程,开辟了技术创新理论的新视野。④技术创新过程理论。Rothwell(1986)总结和划分了五代技术创新过程模型。通过企业技术创新划分为五代分析技术创新过程对企业的影响。

综合国内外关于技术创新的界定以及技术创新理论的发展,技术创新实际上就是用知识生产新知识,是一种技术诀窍的积累过程,通过研究开发或技术组合,而获得实际应用,并产生经济、社会效益的商业化全过程的活动。R&D、技术引进或技术溢出等是重要的技术创新源泉,它们的主要作用就是积累、整合和创造知识,而这些来自多层面的知识学习从"创新的来源"的角度决定着技术创新的发生与发展,也就构成了知识的创造与积累同现实的技术创新能力之间正式转化的基础。Kinoshita(2000)认为 R&D、技术转让和技术溢出是技术创新的主要途径,其中自主研发属于内部技术的来源,技术转让和溢出则是技术的外部来源。

2.2　贸易与技术创新

2.2.1　对外贸易的技术溢出效应

国际贸易是国内技术进步的重要来源之一,如进出口部门与国内部门的前、后向产业关联效应,加速了国外技术扩散与传递,促进了国内资源的合理配置等。进口贸易是体现国际技术扩散的一种主要传导途径。在开放经济中,一个国家或地区通过进口贸易不仅可以购买高质量的外国最终制成品,而且还可以通过引入国外的先进中间产品来提高本国生产活动的技术含量,直接分享到贸易伙伴国 R&D 投入的成果。Grossman 和 Helpman(1991)认为,通过中间品进口,进口国的生产力水平会借助于其贸易伙伴的研发效应和技术扩散得到提高。Coe 和 Helpman (1995)使用进口份额作为权重来构造国外 R&D 存量,首次实证考察贸易伙伴的 R&D 如何通过进口贸易传导机制而影响本国技术进步以来,大量学者沿袭 Coe 和 Helpman 提出的分析框架进行了后续研究。Lichtenberg 和 Potterie(1998)对 C&H 模型中的数据处理方法进行了改进,减少了结果的偏差,得出的结论仍然支持 C&H 的观点——一个国家开放程度越高,越能通过进口贸易从国外 R&D 中获益。Mayer(2001)指出贸易中能促进产出增长的因素分两部分:第一,国际贸易是一种知识的携带者,进口是一种介绍国外技术的方式之一,特别是参与国际研发的机械设备常被认定为最易发生技术转移的产业;第二个因素是人力资源的流动。因为这种流动既能促进技术的引进,还能成为国外技术的创造者。Jakob (2005)将国内 R&D 存量用国内的人口数量进行平减,以人均进口量作为权重对国外 R&D 进行加权,采用 1883—2002 年 13 个 OECD 经济合作与发展组织国家的面板数据,实证检验结果表明进口贸易的技术溢出能够给 OECD 国家带来 200%的 TFP 全要素生产率增长。方希桦等(2004)通过使用 1978—2000 年的相关时序数据,协整结果表明,通过进口贸易传导机制,贸易伙伴国 R&D 投入、国内科技投入对我国全要素生产率的提高具有显著的促进效应。仇怡和方齐云(2005)在进口贸易的技术外溢测度模型中引入实际进口渗透率变量,对我国基于进口贸易的技术外溢效应进行测度。以上的研究虽然方法和模型不同,但是其研究结果都表明了国内生产率与国内外 R&D 投入之间存在正的相关性,R&D 的外溢效应是存在的。但也有不少学者对于这种由进口贸易所传导的溢出效应存在的显著性表示怀疑。Eaton 和 Kortum(1996)发现,如果在 Coe 和 Helpman(1995)模型中引入贸易距离等变量,则作为国外 R&D 支出权数的双边进口额无助于解释国际技术溢出。Keller (1998)的实证研究结果都不支持国际贸易技术溢出存在的显著。Keller(2002)则尝试使用不同的方法来构造国外研发的权数,实证结果同样表明贸易伙伴的研发对本国全要素生产率的提高并没有显著影响。

关于出口贸易的技术溢出机制,一般认为,出口企业和部门本身具有较高的生产率。一个经济体出口越多,则高生产率企业和部门所占比重越大,则整个经济的生产率水平越高。通过出口能够提高出口部门自身的相对要素生产率,即学习效应。出口具有正向的外部性,出口是国内技术进步的重要来源,如出口部门与国内部门的前、后向产业联接效应,出口加速了国外技术的扩散与传递,出口促进了国内资源的合理配置等。在出口贸易的技术溢出研究方面,Feder (1982)、Levin 和 Raut(1997)则是两篇代表性文献。Feder(1982)通过构造一个两部门模型,将整个经济分为出口部门和非出口部门,并利用该模型对 1964—1973 年 31 个国家和地区样本数据进行了实证研究。Levin 和 Raut(1997)通过出口贸易内生技术进步率,考察了出口贸易促进技术进步的两类渠道,同时也考虑了人力资本在出口贸易中对技术进步的作用。赖明勇等(2002)通过将 Feder 模型扩展为出口部门、工业制成品出口部门和初级产品出口部门,考察了我国

“八五”(1991—1995)和“九五”(1996—2000)两个时期出口贸易技术溢出情况,研究表明我国工业制成品出口部门通过对非出口部门的技术溢出,从而提高整个社会的生产效率,促进经济增长。包群等(2003)认为出口促进经济增长主要来自于出口部门对非出口部门的技术外溢效应,同时出口部门自身相对要素生产率的提高对经济增长存在着负效应,即出口部门并未通过自身相对要素生产率的提高来促进我国经济的增长,并且由于制成品出口在出口总额中所占比重的增加,制成品出口份额增长对经济增长的负作用反而大于初级产品份额。

许多研究则表明国际贸易的这种溢出效应可能存在门槛效应或者依赖于接受者的吸收能力,如人力资本水平、研发投入等。Miller 和 Upadhyay(2000)选取了 83 个国家 1960—1989 年的数据,考察了人力资本与出口溢出的互补机制。Isaksson(2001)采用了 1960—1994 年 73 个国家的数据显示国际贸易是重要的知识及技术携带体,但是只有在接收国具有相当水平的人力资本条件下,其溢出效应才会显现,否则这个溢出效应就不会呈现。李小平和朱钟棣(2004)通过回归分析发现:出口对不同地区的技术进步的影响有着明显的差异。在东部地区,出口对技术进步的影响为正;在中西部经济不发达的地区,出口不但没有促进技术的进步反而阻碍了技术的进步,即存在“门槛效应”。邓海滨和廖进中(2006)考察并比较了以人力资本度量的技术吸收能力对技术溢出效果的影响。总体上,这些研究表明,贸易伙伴国的先进技术、R&D 成果对于一国技术创新能力存在一定程度的促进作用,但这种技术溢出效果却受到吸收能力的限制。

2.2.2　贸易结构与技术创新

就贸易结构的影响机制研究而言,Hausmann、Hwang 和 Rodrik(2007)的理论模型指出专业化模式由经济的基本量和一些异质因素确定,比较优势对于一个国家的经济结构会有重要的作用,但不是绝对的作用,除了通常的要素禀赋以外,不可忽视一国所能刺激的从事现代部门成本发现(cost discovery)的企业数量,这种从事成本发现的企业数量越大,经济可能越接近生产前沿。作者同时利用跨国截面数据实证表明人均 GDP、人力资本、国家规模与出口技术水平有显著的正相关,但在控制人均 GDP 后,制度质量对于贸易品技术水平并没有显著的影响。Wang 和 Wei(2007)采用中国不同城市的出口产品数据,分别以贸易品非相似性指数和贸易产品单位值来衡量产品间和产品内的出口技术水平,研究发现人力资本促进了出口复杂性的提升,高新技术区和出口加工区政策有利于技术复杂性和产品单位值的提高,加工贸易和 FDI 并不能解释城市间出口贸易复杂性的差异,但提升了产品内技术复杂性。江小涓(2007)将影响我国出口商品结构的主要因素区分为国内因素、全球分工格局、贸易规模和增长速度三个方面。国内因素主要包括要素禀赋、制造能力、市场扩张速度、市场竞争程度等;全球分工格局包括外资参与度、产品制造加工特性和全球贸易总量三个层面。实证结果表明我国在继续保持劳动密集型出口商品竞争力的同时,一些相对技术密集和高附加值商品的出口将较快增长,推动出口商品结构持续升级,但这些研究都忽略了微观主体技术创新对贸易结构的深层次影响。将贸易品技术结构引入贸易模型,以技术进步的微观决定者企业为视角探寻技术创新在经济稳态时对贸易结构的作用机理与动态关联,这将有重大的学术价值。

自"里昂惕夫悖论"提出以来,对现实中贸易结构的分析受到了广泛重视。Grossman 和 Helpman(1995)通过李嘉图模型认为现有的技术上的差别可以通过影响国际分工从而对贸易结构产生影响。Helpman(1999)采用 Leamer(1980)的基本模型,在构建新的指标体系和模型的基础上,认为技术的改变可以扩大贸易规模,同时在结论上开创性地提出国家间的技术差异是解释贸易结构的重要影响因素。自此,很多学者对技术与贸易结构的关系进行了理论与实证分析。同时,关志雄(2002)和 Lall(2000,2006)都认为,为了更好地考察一国技术与贸易结构的关系,必须将产品的技术含量和产品的技术附加值结合起来考虑。一方面,考察产品的技术含量。Lall、John 和 Zhang(2006)提出"复杂度指数"来测度不同产品的技术含量。Xu(2006)应用了 Hausmann、Jason 和 Rodrik(2006)提出的产品的技术含量的测度指标,分析了我国出口品的技术水平。王欣、王荣涛(2009)基于各类产品的技术含量,将我国和东盟的出口贸易结构加以比较,发现我国出口贸易结构有升级趋势,与东盟相比略占优势。另一方面,考察产品的技术附加值。樊刚等(2006)在完善了关志雄(2002)的贸易品附加值分析法的基础上,提出了显示技术附加值(revealed technological value added)赋值原理,基于产品的显示附加值可以得到一个国家贸易的技术分布并运用此贸易结构分析方法发现中国已从低附加值出口为主转变为以中等技术附加值为主的贸易结构。随后,何帆、齐俊妍(2006),苏振东、周玮庆(2009)等相继利用这一基于技术附加值的贸易结构分析方法,分别分析了中对韩、东盟的出口贸易结构,认为中韩可以在国际分工的不同生产环节实现优势互补,并提出中国必须持续优化我国对东盟的基于技术附加值的贸易结构。齐俊妍(2006,2008)、祝树金等(2009,2011)综合运用了产品的技术含量和技术附加值两种贸易结构的分析方法,分别以我国、中印的出口贸易结构为数据蓝本,认为中国必须提高出口产品的技术含量和技术附加值,实现贸易上的优势互补。

内生性增长理论认为技术进步是经济发展的内生动因,技术的进步也不断改变了贸易条件和规模,而这些又很好地促进了贸易结构的完善。以 Melitz

(2003)为代表的经济学家们将研究视角转向微观层面,并建立了新新贸易理论的基本分析框架。Helpman、Melitz 和 Yeaple(2004)把 Melitz(2003)模型进一步深化,认为企业是在仅在国内生产、既在国内生产又出口,还是既在国内生产又进行国外直接投资三种组织方式之间进行抉择。但最初异质企业模型忽略了诸如企业组织结构、企业进入国际市场方式等因素的影响。另外,早期的异质企业贸易模型假定对称性国家、市场规模一定,且没有考虑政策因素带来的影响。同时,也有部分学者对内生性增长模型在相关领域进行了应用。谢涓和李恒(2010),张超(2011)分别将产品创新和一个量化的贸易开放度参数植入内生性增长模型中,揭示对外贸易对经济增长的影响,并认为技术进步是中国加快向内生性转变的一个重要着力点。黄新飞、舒元(2011)运用"异方差识别法"研究了贸易开放与经济增长的内生性问题,并且改进了 Lucas(1998)内生经济增长模型。随后,部分学者结合异质企业贸易模型和企业内生边界模型(如 Antràs 和 Helpman(2004)),从企业组织结构差异角度分析企业在国际业务中的行为,扩展了企业异质性的定义,为本书理论模型的建立提供了基础与启发。

2.3　外商直接投资与技术创新

2.3.1　FDI 的技术溢出效应

跨国公司是世界先进技术的主要发明者,是世界先进技术的主要供应来源,跨国公司通过对外直接投资内部化实现其技术转移。这种技术转移行为会给东道国带来外部经济,即技术溢出。对 FDI 技术溢出效应的研究可以追溯到 20 世纪 60 年代初,MacDougall(1960)在研究 FDI 福利效应时,首次把溢出效应作为 FDI 的一个重要现象进行研究。到了 80 年代,Romer(1990)和 Lucas(1988)建立的内生增长模型,突破了新古典增长理论关于技术外溢性的假定,成为指导 FDI 技术外溢研究的重要理论基础。其后众多研究考察了 FDI 对东道国的技术溢出以及技术溢出的渠道。综合而言,FDI 技术溢出的发生主要通过四种途径(包群、赖明勇、阳小晓,2006):(1)示范效应,即国内企业通过对外资企业的新技术、生产过程、管理经验的模仿和学习而促进自身的技术进步和创新。(2)竞争效应,即外资企业的进入加剧了国内市场的竞争,从而迫使国内企业加大研发投入,推动技术进步。Griffith、Reddingd 和 Reenen(2004)调查了 1980—1997 年英国制造业和国外跨国企业。发现两种机制在促进本国经济增长:第一是新技术的引入,第二是国际资本的进入,增强了国内市场的竞争,同时也拓宽了国际市场。他们还发现国外企业的大量进驻与整个产业的生产率提高有重要联系,原因是国内企业会被激励与国外企业一道进行技术创新。(3)人员培训效应,即外资企业为了有效地扩大生产,会对当地员工、管理人员以及研发人员进行适当的培训。一方面这些人员培训直接导致本地知识积累以及人力资本的提升;另一方面这些人员也可能流到东道国企业中,从而促进了技术的转移和扩散。Gerschenberg(1987)的研究表明,相对于东道国的内资企业,跨国公司往往在人员培训方面投入更大。Glass 和 Saggi(1998)研究认为 FDI 对于东道国企业的特殊意义在于本土企业可以就近通过观察、模仿、反向工程以及雇佣曾经在跨国企业中工作过的人员等渠道取得相应的技术与管理的有益信息。陈涛涛(2003)则认为,由于跨国公司的产品销向了本地客户,其产品中包含的信息也会通过对其客户的培训、辅助以及各种服务体现出来,从而也造成技术信息的外溢。Fosfuri 和 Motta (2001)及 Holger Görg 和 Eric Strobl (2005)认为 FDI 或外资企业进入东道国投资设厂并对东道国的劳动力进行培训,已培训劳动力的流动将直接导致技术的外溢。(4)链接效应,即外资企业通过与国内企业上、下游产业发生链接效应而带动了当地企业的技术进步。总体上已有这些实证研究分别采用不同国家的数据样本考察了不同的 FDI 溢出机制和途径,然而这些研究由于采用的实证模型、数据来源、研究范围以及所选用的计量工具不同,实证结果存在较大差异,并不完全支持 FDI 正向技术溢出的假定,有些甚至得到 FDI 负向的技术溢出效应。Sjoholm(1999)等人分别发现 FDI 在印度尼西亚等国存在正向溢出,Lichtenberg 和 Pottel (2000)对美国、日本及 11 个欧洲国家的研究发现:一国输入型 FDI 获得了国外的先进技术,产生了正的技术溢出。Kellers 和 Yeaple(2003)根据 1987—1996 年数据,发现 FDI 与经济增长有非常强的关系,这段时间有大约 14%的产出增长要归功于 FDI 的溢出效应,但这种溢出效应在高科技行业表现得更为突出一些。Mei(2006)研究了来自 G7 国家的 FDI、进口贸易对中国区域技术进步的影响,结果表明 FDI、进口贸易都产生了积极的溢出效应,并且来自于 FDI 的溢出比进口贸易的溢出效应更明显。我国众多学者也结合现代计量方法,实证研究了我国 FDI 溢出效应的存在性(沈坤荣,1999; Wei 和 Liu,2001;钟昌标,2010);FDI 溢出效应的影响因素(陈涛涛,2003;李晓钟、张小蒂,2004;赖明勇等,2005;元朋等,2010);FDI 溢出的形式(陈涛涛等,2006;王滨,2010)等。总体上这些研究都支持我国 FDI 溢出效应的存在或者认为溢出效应的存在依赖于一定条件,这与国外 Blömstrom 和 Kokko (1998),Görg 和 Strobl (2001),Görg 和 Greenaway (2004),Crespo 和 Fontoura (2007)以及 Smeets (2008)的研究结论具有相似性。

一些实证研究则不支持存在 FDI 正向溢出的假设。Caves(1974)在估计加拿大和澳大利亚内资企业来自 FDI 技术转让的技术效率的变化时,发现不存在来自 FDI 的直接生产率溢出效应,但是存在来自技术扩散的间接生产率溢出效应。Aitken 和 Harrison(1999)研究中发现委内瑞拉 FDI 与经济增长具有负相关性,作者把这种消极作用归结为国外企业招聘了大量的国内企业技术工人从而降低了国内企业的技术水平。得到相似结果的还有 Hanson(2001),Görg 和 Greenaway(2002)。Lipsey(2002)认为 FDI 对东道国当地厂商的技术溢出是不确定的,它取决于东道国的政策、环境和产业水平。国内研究如黄菁和赖明勇(2008)通过使用 1994—2006 年的中国省际面板数据,实证结果表明,缺乏经验证据支持 FDI 的正向技术外溢效应,但发现人力资本有利于促进 FDI 技术外溢效应作用的发挥。何洁(2000)分析了本地内部因素对 FDI 在我国工业部门技术溢出效应的影响,各省引进 FDI 的综合效果在很大程度上受当地经济发展特征的影响,单纯提高一个地区的经济开放程度对提高 FDI 的技术溢出效应是没有意义的,甚至有负面作用。李铁立(2006)对港澳台的外商直接投资在我国不同地区技术溢出效应进行了实证研究表明:港澳台投资在技术水平相对较低地区对生产效率的提高具有更大促进作用,但这种正向的溢出效应正在减弱,且对整体技术进步的作用并不明显。

总体上,已有研究表明 FDI 的溢出效应可能表现为两个方面:一是正面效应,一是负面效应。这种正的溢出效应多发生在工业化国家,而负的溢出效应则较多地在发展中国家得到证实,许多研究将其解释为与东道国的吸收能力有关,Crespo 和 Fontoura (2007)也认为 FDI 溢出效应可能由东道国自身的很多因素所决定,如地区因素、行业因素以及国内外的公司的情况。他们呼吁进一步的研究以便提供更多的实证来验证至今仍没被完全研究过的影响溢出效应的决定性因素。

此外,FDI 技术溢出具有多种产生机制。Caves(1974)将跨国公司的进入所产生的外溢效应分为生产率外溢(Producitivity Spillover)和技术外溢(Technology Spillover)。生产率外溢是指跨国公司的进入会引起当地市场竞争的加剧,而竞争的加剧又必然使得一部分生产率低下的企业被淘汰,从而使资源的配置效率有所改善。技术外溢跨国公司的子公司或分支结构转移给当地公司一定的技术或者由于竞争的加剧而迫使本地公司增加技术投资,改善技术状况的情形。Caves(1997)进一步从溢出效果角度将溢出划分为分配效率、技术效率、技术转让三种类型。Lake(1979)从职能分工的角度将外溢分为市场层次的溢出、生产层次的溢出和研发技术的溢出。Kokko(1996)从溢出范围角度将溢出划分为产业间技术外溢和产业内技术外溢。Jaffe(1986)和王春法(2004)从溢出机制的角度将溢出分为知识溢出、市场溢出和网络溢出。Kokko(1994)分析认为主要有关联效应、竞争效应、示范效应和培训效应四种溢出途径,并被广泛认可。在此外溢过程中,东道国的经济发展水平、市场环境以及技术水平等都会对技术溢出产生重要而直接的影响。

2.3.2 FDI与技术创新

关于FDI与技术创新的理论研究,很多学者从逻辑框架上分析FDI的溢出效应与技术创新的关系和作用机制。范黎波(2003)在Samli(1985)基于技术独占性研究框架的基础上,进一步完善了跨国公司技术转移与子公司技术创新之间的关系。在该模型中,范黎波将技术转移过程分为三个阶段:第一个阶段是母公司提供技术知识的能力、意愿和可行性;第二阶段是子公司的技术选择和活动区技术知识的能力与意愿;第三阶段是在上述基础上当地子公司具备了技术创新能力,从而能够提供经济绩效。只有当这三个阶段全部完成,才能真正实现跨国公司对当地子公司的技术转移和扩散。Nietoa和Quevedo(2005)在最新的研究中采用了吸收能力作为溢出过程的调制变量构建了模型,直接对技术(知识)溢出与技术创新进行了实证研究。虽然作者没有专门对FDI的溢出作验证,但是该模型的做法和假设都为我们进一步探索FDI技术溢出与技术创新的关系奠定了基础。杜健(2005)构建了基于产业技术创新的FDI溢出机制概念模型,外商直接投资通过技术体制和市场结构作用于创新投入,创新投入在吸收能力和技术差距的调制下作用于创新产出,并对模型所涉及变量的相关关系的假设进行验证。王林涵(2006)构建了外商直接投资对自主创新能力形成的作用机制模型,通过外商直接投资的直接作用和间接作用,在自主创新的内部条件和外部条件下,本土企业形成自主创新能力。该模型对外商直接投资通过关联效应促进本土企业自主创新能力提高的作用机制的研究具有参考意义。

关于FDI对东道国技术创新能力影响的实证研究也一直是国内外学者关注的热点。一些学者认为FDI流入东道国会促进东道国技术创新能力。Caves(1974)利用澳大利亚23个制造业的行业层面数据对FDI的溢出效应进行了检验,发现当地企业的生产率与行业内的外资份额存在着正相关关系。Cesare和Filippo(1999)对意大利的研究、Dimelis和Louri(2002)对希腊的研究也都肯定了FDI外溢效应的存在。而Keller和Yeaple(2004)、Javorcik(2004)分析了FDI的R&D外溢效应,特别是Keller和Yeaple发现FDI产生的研发外溢效应要明显大于进口带来的研发外溢效应。另外,也有一些研究发现FDI对东道国企业的技术创新能力没有影响或影响不显著。Romer(1990)指出研发部门人力资本投资的机会成本实际上就是最终产品部门雇佣员工的工资收入,最终产品部门的高工资报酬将吸引人力资本从研发部门转移到最终产品部门,从而抑制新产品的增长率。从长期看,外资的进入会通过改变东道国人力资本配置的结构,对东道国长期的经济增长产生负面影响。Haddad 和 Harrison(1993)对摩洛哥的研究,Aitken 和 Harrison(1999)对委内瑞拉的研究均发现外商直接投资实际上对国内企业的研发有负面影响。Kokko(1994)指出,当跨国公司在东道国所占的市场份额较大的时候,外商直接投资对东道国的技术进步没有促进作用。Kokko (1996)认为只有在完善的市场体制下,外商企业才能通过竞争效应迫使东道国企业加强研发投入以增强自身的市场竞争力。Young(1998)对新加坡的经验研究支持了 Romer(1990)的结论,虽然外商直接投资在短期内推动了东道国的经济发展,却使新加坡的人力资本转移到了最终产品部门,从而导致了该国研发部门投入不足。

国内关于 FDI 对技术创新的研究也有较大进展。何洁(2000)、沈坤荣(2000)、徐涛(2003)、赖明勇等(2005)都发现 FDI 存在正向的外溢效应。Cheung(2004)、冼国明和严兵(2005)、王红领(2006)、薄文广(2007)从专利的角度考察国内企业自主研发的情况,结果发现,外商直接投资对我国技术创新有促进作用。蒋殿春和张宇(2006)运用面板数据模型重点分析了中国高新技术产业中技术外溢效应的存在性,以及行业特征对技术外溢效应的影响,结果发现技术差距、技术密集程度、市场结构和行业开放度等行业特征对技术外溢产生了显著的影响。李晓钟、张小蒂(2007)利用江苏和浙江 1995—2006 年的数据实证分析了实际利用外商直接投资对区域技术创新能力的影响,结果表明,FDI 对区域技术创新能力提升有促进作用,但存在明显的区域差异。孙文杰和沈坤荣(2007)发现,当内资企业生产率处于外资企业生产率的 40%～95%区间时,外资企业对内资企业技术创新的促进效应最显著。同时,也有研究认为 FDI 的外溢效应并不显著。姚洋和章奇(2001)发现 FDI 的外溢效应主要是通过人员流动等途径而不是技术引进的方式在起作用 ,因而其外溢效应主要体现在一省内部 ,行业内的外溢效应并不明显。王飞(2003)的研究结果表明,FDI 对中国国内企业的技术创新没有明显的作用。潘文卿(2003)、王志鹏和李子奈(2004)验证了 FDI 的“门槛效应”,结果表明各地区必须跨越一定的人力资本门槛才能从 FDI 中获益。徐磊、黄凌云(2009)认为,FDI 对我国各地区的技术溢出效应并不是无条件的,无论是其显著与否还是对其吸收的充分与否,都需要各地区跨越相应的区域创新能力门槛值 ,也即 FDI 技术溢出在我国存在基于区域创新能力的“双门槛 ”效应。马天毅等(2006)利用我国各省的数据以专利申请量作为区域创新能力的衡量指标,认为在整体上对我国工业企业的研发和创新能力无非常明显的溢出效应。郭海昕、王华(2010)的研究结果显示,FDI 的溢出效应只有与人力资本结合才能实现。

第3章　开放经济条件下中国企业自主创新研究

3.1 引　言

新经济时代下，企业的竞争、经济的发展、综合国力等较量日益集中地表现在科技竞争方面，科技自主创新能力成为各国，特别是发展中国家的战略举措。中共中央“十一五”规划中明确提出了科技发展要坚持“自主创新、重点跨越、支撑发展、引领未来”的十六字方针，“必须加快提高自主创新能力”，“不断增强企业创新能力，加快建设国家创新体系”。这正表明，自主创新是我国在新时期科学技术发展的战略基点。改革开放以来，我国大量引进国外先进技术，通过贸易渠道和跨国公司的投资与技术溢出的确为中国经济的发展和技术进步做出了重要贡献。然而，“以市场换技术”这一原则从效果来看，的确令中国让出了市场，但在“换取核心技术”方面却不尽人意。“以市场换技术”变成了“以市场换资本、设备和生产线”。由于缺乏核心技术、自主知识产权，我国企业仍主要依赖廉价劳动力、资源消耗、土地占用和优惠政策赢得竞争的优势，在国际产业分工中仍处于低端位置。此外，为了保持自己的领先优势，西方国家对中国开始实行技术限制与封锁，跨国公司在技术输出、转让、专利、抑制技术外溢等方面实行了一些新策略，我国企业很难突破发达国家及其跨国公司的技术垄断，难以获得有力的贸易地位。为打破这一瓶颈，唯有自主创新，才不会受制于人；唯有主动拥有核心技术竞争力和自主知识产权才能够从容应对日趋激烈的国际竞争。

引进海外高层次人才和先进技术，鼓励外资企业在华设立研发中心，借鉴国际先进管理理念、制度、经验，积极融入全球创新体系是我国“十二五”规划明确提出的要求。FDI、国际贸易、技术许可等三种国际技术转移方式对企业技术创新活动均有明显影响。

在开放经济条件下，其核心是考察外商直接投资（FDI）、国际贸易等如何通过技术外溢效应影响国内的技术进步。关于技术进步的影响因素研究，国内外学者的研究大多是通过引入生产函数，构造两部门模型，以全要素生产率来研究影响我国技术进步的诸多因素，主要是从整体上考察其对我国技术进步的影响，而没有单独从影响我国自主创新能力的角度出发。值得注意的是，在对我国自主创新能力的研究中，当下所有的文章中主要是从 FDI 的角度进行考量的，通过衡量 FDI 的进入程度来分析外商直接投资对东道国自主创新能力的影响。然而，在开放经济条件下，影响东道国技术创新因素很多，忽略其他诸如贸易开放度、国际技术转移等指标，而仅仅通过 FDI 来考察对东道国的技术创新能力的影响未免有些片面和单薄。

开放条件下的自主创新，并不是闭门造车式的独立研发，也不是照搬式的全盘引进，而是利用全球开放市场条件，借助多种手段寻求技术支持和实现关键技术来源的多元化。通过内部研发和搜寻、吸收并利用外部创新资源，整合各方面的科技力量，逐步提高自主创新能力和科技竞争力。在日益开放的国际环境下，我们有很多的途径和方式学习与借鉴国外先进科技成果。究竟通过怎样的渠道才能有效地促进我国自主创新能力的提高，这些途径究竟在多大程度上给我国带来了先进的技术，提升了我国整体技术水平，此外，由于对外开放程度、经济发展水平和人力资本水平在我国的东、中、西部三大地区有很大的不同，这些差异性会对技术创新产生怎样的影响，这些问题是目前我国理论和决策部门关注的核心，也是本书研究的重点。鉴于此，本章从开放经济的角度来考察自主创新能力的影响因素，进一步探讨影响东道国技术创新水平的内在机理，为提高我国自主创新能力提供理论支持和实证说明。

3.2　开放经济与技术创新的分析框架

按照技术进步来源区分，技术进步可以分为自主创新和对外界技术的引进、模仿及学习，大量实证结果表明国际技术扩散已经成为技术进步的主要决定因素(Coe 和 Helpman，Eaton 和 Kortum)。贸易开放是影响技术外溢的一个重要因素，其作用渠道可以分为两类：一是贸易开放通过从发达国家进口产品、设备、仪器等，给本国带来了更多的模仿和学习的机会，是国际技术扩散的主要渠道；二是贸易开放的竞争效应将迫使本国企业投入更多的研发以增强自身的国际竞争力(Holmes 和 Schmitz，2001)，在此基础上更深层次的思想观念和信息的相互交流对激活一个民族的创造力具有难以估量的影响。

国际技术转移也是我国贸易开放的重要表现。按照技术转移的特点，按照是否以市场媒介为标准，大致可以分为两类：第一类为常见的国际技术转移模式。按照对市场依赖程度逐渐递减的方式依次分为FDI、许可证、合资企业、授予特权、市场合同、技术服务合同、交钥匙合同、国际分包和非传统的转移渠道，如反向工程、反向的人才流动等。另一类是根据国际技术转移是否把转移技术作为明确目标而分为正式技术转移模式和非正式技术转移模式。如果将常见的国际技术转移模式按照是否把技术作为明确的转移目标进行排列的话，像FDI、许可证、合资企业、授予市场特权、市场合同、技术服务合同、交钥匙合同、国际分包等都属于正式的技术转移模式；而反向工程、反向的人才流动、合作联盟和其它的非产权联系则被称为非正式技术转移模式。由于国际技术转移存在多种方式，国内外学者通过各种具体的国际技术转移方式来从理论和实证两个角度检验国际技术转移和企业技术创新之间的关系。

FDI所代表的国际技术转移对技术创新的影响是各种效应综合作用的结果。首先，Kose等(2009)利用67个国家包括21个工业化国家与46个发展中国家1966—2005年的宏观动态面板数据的研究认为，以FDI存量度量的资本自由化流动能促进国家的技术进步。虽然我国外商直接投资具有明显的资本积累效应，然而由于目前我国金融体系效率相对低下，并不利于国内企业充分吸收外资企业的技术外溢(阳小晓、赖明勇，2007)。其次，FDI具有正面溢出效应(沈坤荣，1999；姚洋，1998；冼国明、严兵，2005)。沈坤荣、傅元海(2010)通过我国1999—2007年的面板数据，从一个系统的角度讨论了FDI的溢出效应对内资质量的影响。结论表明只有当外资的技术溢出效应与其所反映的技术转移趋近时，才对内资经济增长质量具有正面作用。来自于FDI企业的竞争压力过高或过低均不利于FDI的水平链接溢出和后向链接溢出效应的实现(许和连、魏颖绮、赖明勇、王晨刚，2007)。在吸引外商直接投资的同时，要进一步思考如何有效利用和发挥其外溢效应，注重与国内的技术和人力资本的积累相结合，挖掘各区域对FDI技术外溢效应的吸收能力，弥合区域间发展的不平衡(黄菁、赖明勇、王华，2008)。再次，FDI长期外资企业的国际技术转移效应会提升内资企业的研发生产率，从而有利于内资企业的技术创新、促进国内研发(王红领，2006；沈坤荣、孙文杰，2009；蒋殿春、夏良科，2005)。

国际贸易作为国际技术转移的另一种方式。范红忠(2007)基于有效规模需求假说认为进出口规模或开放度的提高虽对一国研发投入没有显著影响，但它可以提升一国研发投入的使用效率并增强自主创新能力。值得注意的是赖明勇、王华、黄菁(2009)以“出口中学”效应为视角，借鉴Coe和Helpman国际研发溢出模型的思路，引入出口研发溢出因子，考察国际研发通过出口传导机制对国内企业全要素生产率的影响。考察发现，通过出口贸易所获得的国外研发的外溢效应并没能与国内的人力资本结合起来对技术进步起到应有的促进作用。

邹武鹰、许和连、赖明勇(2007)利用我国1996—2003年17个制造业对16个OECD国家的出口贸易面板数据以及1997年和2002年的投入产出表进行研究,结果表明我国出口贸易企业通过向上游产业的非出口部门企业购买中间产品和服务产生了积极的后向链接溢出效应,而出口贸易企业的水平链接溢出效应并不明显。在知识储备上,Krammer(2009)在内生经济增长框架下对16个东欧转型经济体进行的经验研究发现,经济开放通过外商投资流入和国际贸易等形式提供了获取新知识的渠道而促进了国家创新。Spulber(2008)基于异质性产品具有垄断竞争力、创新者在国内外同时拍卖创新成果的假定,构建了一个国际技术贸易与创新能力模型,认为国际技术贸易通过“最好技术的被选择”以及“研发经验池的累积”而提高了创新质量。

技术引进作为国际技术转移的另一重要方式,可以使引进方迅速取得成熟的先进技术成果。落后国家通过从发达国家引进技术可以获得比发达国家更快的经济增长,并使得落后经济体向发达经济体收敛(林毅夫、张鹏飞,2005)。虽然存在一定的地区差异性,技术引进仍是我国主要的技术创新途径,且对中国技术创新能力的培育有着稳健的促进作用(王华,2010;王青,2009)。Keller(2004)指出对于大部分国家尤其是小国来说,国际技术转移而产生的技术溢出效应很好地解释了这些国家的技术变化。依据技术引进对内资企业自主研发和技术创新的影响机制,当内外资技术差距处于40%～95%时促进效应最为显著(孙文杰、沈坤荣,2007)。但技术引进方式及其吸收能力对本国技术创新绩效影响不同,通过技术引进来传达的国际技术转移效果还是与本土的引进方式与其吸收能力有关系,否则会产生所谓的“创新毁灭”效应(李光泗、沈坤荣,2011)。

综合上述理论观点,本研究试图分别从贸易开放和国际技术转移的视角,首先利用我国30个省市自治区1998—2007共10年的面板数据对在开放条件下影响我国技术创新能力的因素进行分析,并对比分析技术创新影响因素以及各具体变量指标与企业技术创新的关联性是否显著;然后通过利用北京、天津、上海、广州、成都五个城市电子设备、电子元件、交通设备及零部件等5类制造业企业和广告与营销、信息技术服务等5类服务业企业共1548家企业1998—2001年的相关数据,进一步建立国际技术转移影响企业技术创新的Probit模型,进一步使用多变量的二元选择模型重点探讨国际技术转移方式:FDI、国际贸易和技术许可三个方面对中国企业技术创新的影响。实证分析企业所能接触的三大类国际技术转移方式对于技术创新的影响作用,为该领域研究提供一个逻辑一致的分析框架与理论解释。

3.3 实证模型与数据选取

3.3.1 省际层面实证模型设定

研发创新的过程实际上就是一个利用各种资源(科技人员、设备投入、资金投入等)创造出一种新知识的过程。本章建立的研发活动生产函数表示如下:

$$Y = f(K, L, A)$$

其中 Y 表示创新的产出,K 表示资金投入,L 表示人力投入,A 表示影响创新能力的其他因素。

Y 作为被解释变量,用来表示技术创新水平,我们用各地区的专利申请受理量作为衡量技术创新的指标。专利数作为反映技术创新水平的重要指标,它在某种程度上也是科技实力的一种度量(Prencipe,1997)。专利活动的规模和水平可以从一个侧面反映一个地区的创新能力和科技水平。在选取该变量之初我们曾考虑尝试用新产品销售收入或专利授权量来表征技术创新水平,但是由于中国的税收制度对创新产品的生产给予很多优惠政策,厂商都试图夸大自己企业新产品的销售收入来企图减免税收,因此该统计数据可能存在着一些偏差,我们舍弃了这个指标;另外我们也没有使用专利授权量这个指标,因为发明专利审批时间为 2~3 年,实用新型专利为 1 年,外观设计不到 1 年,三种专利的审批时间各有不同,因而在专利申请量与授权量之间有一个滞后,这一指标能否有效的衡量创新水平还有待考究,因此这一指标亦被舍弃。

资金投入是研发活动得以进行的基础和保障,只有以充足的资金作为支持才能实现研发水平的迅速提高。本章用各地区科技活动经费内部支出总额来表征财力投入;科技人员作为科技创新的主力军,是开展科学技术活动的核心力量,也是衡量一个地区科技进步程度和经济增长能力的重要因素,本章选取各地区科技活动人员数来度量人力投入量;考虑到中国各地区的经济发展水平差距较大,各地不同的经济发展水平肯定会对当地的研发能力产生影响,将这一因素涵盖进去,在模型中我们用各地的人均 GDP 来表示;为了考察开放程度对中国技术创新作用是否存在着"人力资本门槛效应",我们在模型中加入了 H 这个解释变量;另外暴露于国际市场上的外资企业对于东道国国内企业技术创新也有一定的影响,一方面外资企业的出口比率越高,说明这类外资企业看重的是东道国丰富、廉价的劳动力优势,把生产的产品销往国外,这种情况下它们带来的技术更多是基于劳动密集型而不是技术密集型或资本密集型的,因而这种情况下

FDI 效应对于国内企业技术创新的影响较少；另一方面在面对国外市场激烈的竞争条件下，出口比率高的外资企业不得不提高产品质量和加强技术创新以取得市场竞争优势，那么相应地对东道国企业的技术创新的影响也较大（冼国明，2006），最终的结果要看哪一方面的影响更强。

由于面板数据具有两维性，因此如果模型设定不正确以及由此造成的参数估计方法的不当，将对参数估计结果造成较大的偏差。有必要在采用面板数据构建模型时首先对模型的设定形式进行检验。在运用面板数据分析时，通常采用两种模型：固定效应模型和随机效应模型。前者是指被忽略的变量是各个时间段上对被解释变量的影响都是固定的，即截距项 β_{0i} 是一个固定参数；而后者是指被忽略的变量是各个时间段上对被解释变量的影响都是随机的，相当于把固定效应模型中的截距项看成两个随机的变量，即 $\beta_{0i}=\beta_0+\mu_i$，μ_i 满足零均值同方差的经典假设。在理论上我们通常认为，当截面单位是总体所有单位时，固定效应模型是一个合理的模型；如果截面单位是随机抽自一个大的总体，把所抽样本的个体差异认为服从随机分布可能更合适。在实证上我们通常采用 Hausman（1978）检验方法来判断是采用固定影响模型还是随机影响模型。

检验原假设为 H_0，两类方法是无差异的，所用检验统计量为：

$H=(b-\hat{\beta})'\sum-1(b-\hat{\beta})'$，其中 b 为采用固定效应模型估计的参数值，$\hat{\beta}$ 为采用随机效应模型估计的参数值，$\sum$ 为采用固定效应模型和随机效应模型得到的参数值的协方差矩阵之差阵。在原假设成立的条件下，H 统计量服从自由度为 k（k 是不包括常数项以外的解释变量个数）的卡方分布。当计算的 H 值大于卡方分布的临界值时我们采用固定效应模型，反之我们则采用随机效应模型。

3.3.2　考虑异质性的微观实证模型设定

本节进一步使用多变量的二元选择模型重点探讨国际技术转移方式对中国企业技术创新的影响。对应的企业利润函数由下式决定：

$$\pi_{ijk}=\alpha_1 X_{ijk}+\alpha_2 Y_{ijk}+\varepsilon_m+\varepsilon_{ijk} \tag{3.1}$$

其中 X_{ijk} 为企业接触的三种国际技术转移方式：FDI、国际贸易和技术许可。FDI 为外资企业的虚拟变量，分外资股份占多数的外资企业和外资股份占少数的外资企业。国际贸易分为进口和出口，以及技术许可。Y_{ijk} 为企业控制变量矩阵，如企业规模、企业经营年限、培训机会、人力资本水平等。为了进一步考察内资企业中国有企业与私人企业的差异，将国有资本引入企业特征变量中。ε_{ijk} 为随机误差项。

模型(3.1)中的 ε_m 包含可能影响技术创新而又观测不到的因素,如区域因素、行业特征等。一个城市的经济基础、开放程度一定程度上影响企业技术创新,如所在城市经济水平较高则该地区企业进行技术创新的资金后盾充足。这些非观测因素还有可能与前面定义的变量矩阵 X_{ijk} 和 Y_{ijk} 相关,例如,处于开放程度较高城市的企业参与国际贸易的可能越大。只有控制这些非观测固定影响,将他们从随机误差项中剔除,才能假定诸解释变量都是严格外生的。因此,建立如下由城市、行业等虚拟变量来控制这些非观测效应的估计方程:

$$\pi_{ijk} = \alpha_1 X_{ijk} + \alpha_2 Y_{ijk} + C_m + C_n + \varepsilon_{ijk} \tag{3.2}$$

在模型(3.2)中 C_m、C_n 分别代表城市和行业虚拟变量,行业虚拟变量以 vehicles 和 vehicle parts 行业为基数,城市虚拟变量以成都为基数。由基本模型(3.2)得到的企业技术创新概率函数为:

$$\begin{aligned}\Pr(Innovation = 1) &= \Pr(\varepsilon_{ijk} > -\alpha_1 X_{ijk} - \alpha_2 Y_{ijk} - C_m - C_n) \\ &= 1 - F(-\alpha_1 X_{ijk} - \alpha_2 Y_{ijk} - C_m - C_n)\end{aligned} \tag{3.3}$$

假定 ε_{ijk} 服从正态分布,采用极大似然法对上式予以估计。

其它可能影响企业技术创新的因素还有研发、管理者素质、外部金融资助等,这些因素会不会影响国际技术转移方式与企业技术创新之间的关系呢?本书将这些变量依次引入模型中,进行国际技术转移方式与企业技术创新关系的敏感度分析检验。此时,企业利润函数扩展为:

$$\pi_{ijk} = \alpha_1 X_{ijk} + \alpha_2 Y_{ijk} + \alpha_3 Z_{ijk} + C_m + C_n + \varepsilon_{ijk} \tag{3.4}$$

模型中的 Z_{ijk} 依次代表研发、管理者素质和外部金融资助。

3.3.3 变量选取与数据说明

采用对数形式设定函数来估计开放水平对于中国技术创新作用的影响:

$$\begin{aligned}\ln Y_{it} = {} & \beta_\alpha + \beta_1 \ln K_{it} + \beta_2 \ln L_{it} + \beta_2 \ln PGDP_{it} + \beta_4 \ln FDI_{it} \\ & + \beta_5 \ln open_{it} + \beta_6 \ln H_{it} + \beta_7 \ln EXP_{it} + U_{it}\end{aligned} \tag{3.5}$$

其中 i 表示各地区,t 表示各年份,Y_{it} 表示各地区技术创新水平,用各地区专利申请受理量来度量,K_{it} 表示各地区科技活动经费内部支出总额,L_{it} 表示科技活动人员数,$PGDP_{it}$ 表示各地区实际人均生产总值,FDI_{it} 用各地区实际利用外商直接投资来衡量,$Open_{it}$ 表示各地区的贸易开放度,选取进出口贸易额与 GDP 的比重来衡量,H_{it} 表示人力资本 H。本章按照标准的 Barro 和 Lee(1993)的方法使用劳动力平均受教育年限来近似衡量,为全部就业人员的受教育年限总和与总人口的比值(王小鲁,2000),小学毕业教育年限设为 6 年、初中毕业教育年限设为 9 年、高中毕业教育年限设为 12 年、大专以上毕业教育年限设为 16 年;

EXP_{it} 为外资企业出口率，用各地区外资企业的出口额与其工业总产值的比率来衡量。研究对象是 1998—2007 年中国 30 个省市(自治区)的面板统计量，由于西藏吸引的 FDI 数量极其有限且每年的专利申请数都较小，为了防止对结果产生较大的偏差，我们剔除了西藏的数据。本章原始数据全部源自《中国科技统计年鉴》、《中国统计年鉴》、《中国对外经济统计年鉴》和《中国劳动统计年鉴》。

本书微观数据来源于 2002 年世界银行对中国进行的企业竞争力及技术创新问卷调查，由对企业生产高层主管、企业会计及人事部门、企业生产力及投资环境三份调查构成，涉及企业基本信息、企业创新、市场环境、顾客关系、与供应商关系、与政府关系、国际贸易情况、劳动力基本情况及其培训、所有权形式及税收、生产成本等各个方面。数据样本区间包括北京、天津、上海、广州、成都五个城市电子设备、电子元件、交通设备及零部件等 5 类制造业企业和广告与营销、信息技术服务等 5 类服务业企业共 1548 家企业 1998—2001 年的相关数据。本章用人均 GDP 对五个区域进行划分，广州用广东省、成都用四川省的数据替代。人均 GDP 高于全国的有北京、上海、天津、广州，取其值为 1，其余为 0。对于样本中存在的数据缺失、误报的情况，其处理方法如下：首先，如果企业存在缺损值的数据不超过两年，就在该企业最早和最后年份数据基础上用插值的方法来填补观测期内的数据缺损；如果存在 2 年以上的数据缺失，则去掉该企业样本。其次，采用插值的方法保留了 1467 家企业的数据，损失了 5.3% 的样本，因此第四章数据为包括北京、天津、上海、广州、成都五个城市 1997—2000 年的 1548 家企业面板数据。相关变量定义见表 3.1。

表 3.1　变量指标及定义描述

变量名称	定义描述
创新(innovation)	虚拟变量，若企业在调查时间前三年引入了对产品生产有质的影响的新技术则为 1(如采用了新的产品、新的生产工艺和引入新的生产线)
外资股份占多数的外资企业(majority fown)	虚拟变量，国外资本占 50% 或以上则为 1
外资股份占少数的外资企业(minority fown)	虚拟变量，国外资本少于 50% 而多于 1% 则为 1
国有资本(pown)	虚拟变量，当外资为 0 且国家或政府拥有企业资本大于或等于 50% 则为 1
进口(imp)	虚拟变量，若企业从国外进口机器、原材料及零部件则为 1

续表

变量名称	定义描述
出口(exp)	虚拟变量,若出口/总销售额>0则为1
技术许可(tl)	虚拟变量,若企业从国外购买或卖出技术许可协议则为1
企业经营年限(age)	调查所在年份减去企业成立年份
企业规模(size)	2000年雇员数的对数。
培训机会(training)	虚拟变量,若企业提供内部或外部专门培训则为1。培训方式含室内训练机构、大学、合作单位、政府机构、技术学校等五种
人力资本水平(employee quality)	企业1998年和2000年中高级职称人数占所有职工人数平均比
人均GDP(gdpper)	2001年各城市人均GDP的对数
市场化指数(neri)	1997年市场化指数
研发(rd)	1998、1999、2000年平均研发投入费用
管理者素质(edu)	虚拟变量,管理者具备本科及以上教育为1
外部金融资助(efin)	虚拟变量,企业从商业银行或融资协议中获取融资为1
制度质量(Institution)	制度质量指数,对企业在运作过程中面临的主要问题用主成分法得出的综合评分
高技术产业(hind)	电子设备和电子元件
低技术产业(lind)	其余产业

有关数据的描述性统计见表3.2。FDI企业进行技术创新的比例数,与内资企业以及整个样本中采用技术创新的比例数相比存在一定差异。从事国际贸易企业中进行技术创新的企业比例高于整体样本的45.93%,其中有进口业务的企业进行技术创新的占比为64.46%;通过技术许可方式获取新技术的企业中进行技术创新的高达80.43%。这表明国际技术转移三种基本方式对企业的技术创新或许有一定影响。

从区域分类方式可以看出,五个城市中采纳了创新技术的企业所占比例不均衡,成都高达70.33%,而天津只有40.66%;不同行业进行技术创新的企业在行业中所有企业的占比也有显著差异,电子设备行业中技术创新企业占比为77.88%,而会计及相关服务行业却只有28.57%。这些描述性数据表明,技术创新除了可能与企业个性特征相关外,可能还存在区域与行业上的不均衡。

表 3.2　按区域、行业、技术转移方式分类的技术创新的统计分析

分类方式		样本数	技术创新企业占比	分类方式		样本数	技术创新企业占比
按区域分类	北京	300	47.67%	按行业分类	会计及相关服务	112	16.07%
按区域分类	天津	300	27.66%	按行业分类	广告及营销	90	20%
按区域分类	上海	300	58.66%	按行业分类	服装、皮具产品	224	35.71%
按区域分类	广州	348	39.36%	按行业分类	商业物流服务	115	14.78%
按区域分类	成都	300	57.33%	按行业分类	通讯服务	73	39.72%
按技术转移方式分类	外资股份占多数的外资企业	346	49.71%	按行业分类	消费品	167	52.09%
按技术转移方式分类	外资股份占少数的外资企业	112	61.61%	按行业分类	电子元件	211	58.76%
按技术转移方式分类	国有资本	1090	43.11%	按行业分类	电子设备	199	72.86%
按技术转移方式分类	出口	423	59.81%	按行业分类	信息技术服务	138	43.47%
按技术转移方式分类	进口	681	64.46%	按行业分类	车辆及车辆零部件	219	60.73%
按技术转移方式分类	技术许可	403	80.43%		——	1548	45.93%
				所有样本			

表 3.3 给出的是制度质量指数，用来考察企业在经营与运作过程中所面临的各种问题对企业技术创新活动的影响。通过主成分分析法对 17 个分类指标进行综合运算，总得分见表 3.3。横排为按区域分类的平均制度质量指数，纵列为按行业分类的制度质量指数，横排与纵列的交叉处为在该区域内的该行业的平均质量指数。

表 3.3 区域—行业的平均制度质量指数

制度质量指数（Institution）			区域分类				
			北京	天津	上海	广州	成都
			3.0579（300）	2.4187（300）	2.9371（300）	3.3146（300）	2.4256（300）
行业分类	会计及相关服务	2.9114（107）	3.1469（23）	2.4807（23）	2.9556（20）	2.6371（21）	3.3798（20）
	广告及营销	2.8639（88）	3.2369（20）	2.4277（19）	3.0406（20）	3.8388（10）	2.2081（19）
	服装、皮具产品	2.3362（216）	2.7508（49）	1.8733（42）	2.1801（40）	2.9009（40）	1.9537（45）
	商业物流服务	3.1601（111）	2.7838（23）	2.6920（18）	3.5520（20）	3.5821（30）	2.9894（20）
	通信服务	3.0644（67）	2.8303（11）	3.9844（11）	3.0945（20）	2.8506（8）	2.6857（17）
	消费品	2.4426（163）	3.1746（21）	1.7535（35）	2.4604（40）	3.2188（31）	1.9973（36）
	电子元件	3.0273（207）	3.3278（43）	2.7150（41）	3.2454（40）	3.4150（43）	2.3849（40）
	电子设备	2.9910（195）	3.6821（41）	2.7826（36）	2.8492（40）	3.3745（43）	2.0865（35）
	信息技术服务	3.4447（130）	3.6214（25）	2.5886（29）	4.2030（20）	3.8530（32）	3.1188（24）
	车辆及车辆零部件	2.6208（216）	2.2507（44）	2.2510（46）	2.8702（40）	3.3161（42）	2.4868（44）
所有样本			2.8308（1500）				

注：平均制度质量指数为对企业运作过程中在 17 个方面面临的问题严重程度，用主成分法计算后的综合得分。括号外为平均制度质量指数，括号内为样本数。

3.4 经济开放对我国自主创新的实证结论与分析

3.4.1 基于省际面板数据的检验结果

本章采用 Eviews6.0 对经济数据进行回归，回归结果如表 3.4、3.5 所示：

表 3.4　开放度水平对专利申请量的面板估计结果(1)

	专利申请量			发明申请量		
变量	1.1	1.2	1.3	1.4	1.5	1.6
Cons	8.546*** (0.495)	3.360*** (0.925)	28.544*** (3.518)	7.985*** (0.680)	−0.517 (1.227)	29.955*** (4.749)
$\ln K_{it}$	0.049* (0.029)	0.055** (0.027)	0.111*** (0.026)	0.053 (0.040)	0.064* (0.036)	0.131*** (0.035)
$\ln L_{it}$	0.075** (0.037)	0.057* (0.034)	−0.043 (0.034)	0.072 (0.050)	0.043 (0.045)	−0.078* (0.046)
$\ln PGDP_{it}$	1.051*** (0.071)	0.532*** (0.104)	1.000*** (0.114)	1.514*** (0.098)	0.664*** (0138)	1.230*** (0.154)
$\ln FDI_{it}$	−0.052** (0.026)	−0.044* (0.024)	−1.557*** (0.206)	−0.110*** (0.036)	−0.098*** (0.032)	−1.927*** (0.278)
$\ln Open_{it}$	0.228*** (0.065)	0.087 (0.064)	0.112* (0.059)	0.348*** (0.089)	0.117 (0.085)	0.146* (0.079)
$\ln H_{it}$	0.208*** (0.045)	0.199*** (0.042)	0.145*** (0.039)	0.236*** (0.062)	0.221*** (0.056)	0.155*** (0.053)
$\ln EXP_{it}$		0.469*** (0.073)	−1.908*** (0.329)		0.769*** (0.096)	−2.107*** (0.444)
$\ln FDI_{it} \times \ln H_{it}$			0.143*** (0.019)			0.173*** (0.026)
Adjusted R2	0.9757	0.9791	0.9827	0.9541	0.9631	0.9684
F Value (Pr>F)	303.37	341.69	401.39	157.06	190.80	216.94
Model	FE	FE	FE	FE	FE	FE

注:括号中为标准误。*，**，*** 分别代表 10%,5%和 1%显著水平上统计显著。

表 3.5　开放度水平对专利申请量的面板估计结果(2)

	实用新型申请量			外观设计申请量		
变量	1.7	1.8	1.9	1.10	1.11	1.12
Cons	7.485*** (0.422)	3.228*** (0.793)	22.75*** (3.072)	6.133*** (0.806)	1.681 (1.590)	30.457*** (6.390)
$\ln K_{it}$	0.058** (0.25)	0.063*** (0.023)	0.106*** (0.022)	0.079* (0.047)	0.085* (0.046)	0.149*** (0.047)
$\ln L_{it}$	0 .079** (0.031)	0.064** (0.029)	−0.013 (0.030)	0.089 (0.060)	0.074 (0.059)	−0.040 (0.062)

续表

	实用新型申请量			外观设计申请量		
$\ln PGDP_{it}$	0.738*** (0.061)	0.312*** (0.089)	0.675*** (0.100)	1.187*** (0.116)	0.741*** (0.179)	1.276*** (0.207)
$\ln FDI_{it}$	−0.062*** (0.022)	−0.056*** (0.021)	−1.228*** (0.180)	−0.003 (0.043)	0.004 (0.042)	−1.724*** (0.375)
$\ln Open_{it}$	0.150*** (0.055)	0.034 (0.055)	0.053 (0.051)	0.162 (0.106)	0.041 (0.110)	0.069 (0.107)
$\ln H_{it}$	0.123*** (0.038)	0.115*** (0.036)	0.073** (0.034)	0.267*** (0.073)	0.259*** (0.072)	0.197*** (0.071)
$\ln EXP_{it}$		0.385*** (0.062)	−1.458*** (0.287)		0.403*** (0.125)	−2.314*** (0.598)
$\ln FDI_{it}$ $\times \ln H_{it}$			0.111*** (0.017)			0.164*** (0.035)
Adjusted R2	0.9804	0.9829	0.9853	0.9513	0.9531	0.9567
F Value (Pr>F)	376.60	418.96	473.67	147.23	148.53	156.38
Model	FE	FE	FE	FE	FE	FE

注：括号中为标准误。*，**，*** 分别代表10%，5%和1%显著水平上统计显著。

就专利申请总量的回归结果来看，第一，科研经费投入、科技人员投入、各地区人均国民生产总值都对专利申请量具有显著的正向促进作用，其中尤以人均GDP对专利申请的正向影响最大。这说明一个地区的经济发展水平、科研基础条件建设等硬件条件是科技活动得以开展的重要物质基础条件。第二，外资企业的出口率对于专利申请也有显著地影响，外资企业的出口占总产值的比率越高，给国内企业带来的竞争压力就越小。加之国际市场的竞争日趋激烈，外资企业只有不断的提高产品质量，加强技术创新才能够取得国际市场的竞争优势，相应的对东道国企业的技术创新也会起到积极的作用。第三，贸易开放度作为对外开放水平的重要指标对于地区的技术水平的提高也发挥着不可或缺的作用。当贸易开放度每上升1个百分点，将会带来专利申请量0.228%的增加。这说明在开放经济条件下，国际贸易的发展对于技术创新具有重要的导入功能，可以优化自主创新的运行动力机制、拓宽技术外溢的输送渠道、扩大知识和技术信息的基本面，从而成为我国自主创新的内在动力。值得关注的是外商直接投资对于我国的专利申请量所起的作用是负面的，模型1.1、1.2都表明这一作用是显著的，可能的解释是FDI对我国技术创新的影响存在"门槛效应"。为此，本章参照Broenztein(1998)的思路，在表3.4中1.3将FDI与人力资本的乘积项纳入到模型中，结果发现 FDI 前面的系数显著为负(－1.557)，而 FDI 与人力资本乘积项前面的系数显著为正(0.143)，这充分证明了“门槛效应”的存在。这意味着 FDI 不会自动产生对我国创新能力的溢出效应，只有具备一定的人力资本水平的地区，FDI 的流入才会促使其技术水平的提升。要素适配性要求作为技术吸收的载体，一国(地区)的人力资本存量、人力资本投资必须要达到某一临界水平(threshold effect)才能产生技术外溢效应。

根据我国专利法的相关规定，专利可以分为发明专利、实用新型专利和外观设计专利。相对于实用新型专利和外观设计专利而言，发明专利是包含技术含量较多、层次较高的技术创新。但从我国的专利申请量来看，发明专利所占的比重最低，根据《2008 年中国科技统计年鉴》的数据，截至 2007 年底我国发明专利占专利申请总量的比重仅有 26.1%，实用新型和外观设计专利所占比重分别为 30.69%和 43.21%。基于此，本章依次将上述三种专利申请量分别作为创新水平指标来度量，进一步考察开放程度对这三种专利申请量的影响。回归结果见表 3.4、3.5 中的 1.4-1.12。

根据回归结果显示：第一，科技活动人员对于发明专利和外观设计专利的影响不显著，说明科研人员优势并没有发挥出来，而且其科研效率也不高，没有像理论预期那样对技术创新产生促进作用，尤其表现在发明和外观设计方面。第二，科技活动经费投入、外资企业的出口率都对以上三种专利申请产生了非常重要的积极作用，尤其对外观设计专利的促进作用要明显高于发明专利和实用新型专利。这可能是由于外观设计注重的是产品的形状、图案、色彩等，涉及的技术含量较少、层次较低，相对来说更容易获得，实现的“门槛”较低。第三，就贸易开放度这一指标而言，其对发明和实用新型的溢出效应较为明显，尤其表现在发明专利方面，其贡献度达到了 0.348%。这一结果是我们愿意看到的，说明进出口贸易的扩大，参与国际市场机会的增加将有利于一国技术水平的提升，尤其表现在自主知识产权的开发和实现，然而这一指标对于外观设计专利却未呈现较为显著的效果。第四，FDI 对于这三种专利的申请而言与专利总量呈现一样的结果，即全部存在“门槛效应”，要想获得 FDI 的技术溢出，必须具备相应的人力资本水平和与之相适应的人力资本结构。

由于我国幅员辽阔，各个省市、自治区的经济发展水平大不相同，对外开放水平也大有所异。针对区域范围而言，东部沿海地区的贸易开放度和外商直接投资额较高，中部次之，西部相对来说所占比重较小。为了进一步考察区域层面上的对外开放程度与专利申请量之间的关系，本章将全国分为东部、中部、西部三个地区分别作计量分析，回归结果见表 3.6。

表 3.6　开放度水平对三大区域的专利申请量影响的面板估计结果

变量	东部地区专利申请量		中部地区专利申请量		西部地区专利申请量	
	2.1	2.2	2.3	2.4	2.5	2.6
Cons	5.149*** (1.287)	42.355*** (7.177)	9.682*** (0.753)	34.466*** (7.581)	7.789*** (0.551)	30.066*** (7.520)
$\ln K_{it}$	0.270*** (0.067)	0.263*** (0.058)	−0.027 (0.053)	0.044 (0.053)	0.032 (0.031)	0.079** (0.030)
$\ln L_{it}$	−0.066 (0.079)	−0.056 (0.071)	0.008 (0.071)	−0.056 (0.072)	0.013 (0.044)	−0.029 (0.040)
$\ln PGDP_{it}$	1.045*** (0.159)	0.744*** (0.215)	0.575*** (0.127)	0.646*** (0.169)	1.143*** (0.086)	1.132*** (0.246)
$\ln FDI_{it}$	0.087 (0.068)	−2.549*** (0.461)	0.043 (0.046)	−1.719*** (0.493)	−0.042 (0.029)	−1.945*** (0.474)
$\ln Open_{it}$	−0.031 (0.101)	0.019 (0.088)	0.702*** (0.112)	0.730*** (0.132)	−0.102 (0.103)	−0.049 (0.092)
$\ln H_{it}$	0.382*** (0.081)	0.117 (0.082)	0.069 (0.070)	−0.012 (0.071)	0.097 (0.063)	0.011 (0.058)
$\ln EXP_{it}$		−3.471*** (0.665)		−2.413*** (0.729)		−2.134*** (0.702)
$\ln FDI_{it}$ $\times \ln H_{it}$		0.245*** (0.043)		0.169*** (0.048)		0.180*** (0.044)
Adjusted R2	0.9762	0.9829	0.9582	0.9648	0.9776	0.9832
F Value (Pr>F)	245.99	302.09	122.81	124.96	233.40	266.76

注：括号中为标准误。*，**，*** 分别代表 10%，5%和 1%显著水平上统计显著。

对比表 3.4 的计量结果可以得知：第一，研发活动经费投入对于东部地区的专利申请量有明显的促进作用。当经费支出总额每提高 1%，东部地区的专利申请量将增加 0.263%～0.27%，该指标在中部和西部地区的效应相对不显著。第二，科技活动人员投入弹性小于零且不具有显著性，说明科研人员优势并没有发挥出来，而且其科研效率也不高，没有像理论预期那样对技术创新产生促进作用，相反还可能因为人员臃肿对技术创新产生抑制作用。第三，外商直接投资对于三大地区专利申请量的影响不尽如人意。2.1、2.3、2.5 中的相关系数不是不显著就是小于零，而与人力资本相乘时回归系数显著为正，进一步说明了“门槛效应”在东部、中部、西部地区都存在。即使对于那些人力资本投资较高、人力资本较为充裕的经济区域而言，如果人力资本积累与本国引资结构提升相对滞后，也有可能会出现由于人力资本投资相对落后所导致的技术吸收能力不足的问题。第四，值得注意的是，贸易开放度指标仅在中部地区产生显著的外溢效应，对专利申请量的贡献率达到了 0.7%以上，而相对于东部和西部而言其溢出弹性为负值且均不显著。对此笔者认为主要是因为东部地区的对外开放水平较高，贸易发展已经达到了一定的水平，贸易开放度作为技术外溢渠道的边际效应呈现下降的趋势；而对于西部来说，经济发展水平相对较低，对外开放程度不高，每年的进出口贸易量十分有限，很难通过贸易的溢出来促进该地区的技术进步。与此形成鲜明对比的是中部地区近几年经济发展速度较快，尤其是河南、湖南、湖北三省份的科研创新基础雄厚、能力较强，加之国家出台的一系列加快中部崛起的优惠政策使得中部地区在自主创新能力的培养方面有了很大的提高。

3.4.2　基于微观数据的检验结果

运用 STATA 软件对国际技术转移方式与技术创新之间的影响进行实证分析。为了避免产业所采用的生产技术、对产品的要求及外部金融资助等对跨部门效应可能造成的影响，在估计过程中对 10 个行业、5 个城市引入行业虚拟变量和城市虚拟变量。估计结果见表 3.7。

表 3.7　国际技术转移方式对企业技术创新的影响

创　新	(1)	(2)	(3)	(4)	(5)	(6)
外资股份占多数的外资企业	−0.4413*** (0.0986)	−0.3842*** (0.1075)	−03734*** (0.1079)	−0.3121*** (0.1109)	−0.3713*** (0.1080)	−0.3419*** (0.1090)
外资股份占少数的外资企业	0.0793 (0.1373)	0.0935 (0.1431)	0.0904 (0.1441)	0.0887 (0.1474)	0.0888 (0.1442)	0.0949 (0.1444)
出口	0.1201 (0.0970)	−0.0248 (0.1006)	−0.0291 (0.1011)	−0.0067 (0.1042)	−0.0215 (0.1026)	−0.0050 (0.1018)
进口	0.7029*** (0.0868)	0.4928*** (0.0092)	0.0467*** (0.0925)	0.4825*** (0.0946)	0.4715*** (0.0930)	0.4844*** (0.0930)
技术许可	0.6436*** (0.1684)	0.6072*** (0.1717)	0.5818*** (0.1722)	0.5080*** (0.1739)	0.5816*** (0.1723)	0.5719*** (0.1724)
企业经营年限		0.0047 (0.0028)	0.0047 (0.0028)	0.0058** (0.0029)	0.0046 (0.0028)	0.0047* (0.0028)
企业规模		0.1610*** (0.0300)	0.1611*** (0.003)	0.1174*** (0.0318)	0.1611*** (0.0304)	0.1580*** (0.0304)
国有资本		−0.0181* (0.0102)	−0.1864* (0.1029)	−0.1787* (0.0104)	−0.1874* (0.1030)	−0.1972* (0.1033)
培训机会			0.3070*** (0.1033)	0.3986*** (0.1061)	0.3099*** (0.1036)	0.3251*** (0.1037)
管理者素质			0.0048** (0.002)	0.0038* (0.0022)	0.0047** (0.0022)	0.0042* (0.0022)

续表

创　新	(1)	(2)	(3)	(4)	(5)	(6)
市场化指数					−0.0160 (0.0368)	
观察变量个数	1548	1499	1499	1499	1499	1499
人均 GDP	No	No	No	No	No	Yes
产业变量	Yes	Yes	Yes	Yes	Yes	Yes
地区变量	No	No	No	Yes	No	No

注:被解释变量为技术创新,表中所列数字为 Probit 模型对技术创新概率估计的边际效应,*、**、***分别表示 10%、5%、1%的显著性水平,括号内为标准误。所有变量定义参照第 3 章 3.3.3 节。

模型的估计结果表明:第一,外资股份占多数的外资企业变量对技术创新的影响为负且非常显著,外资股份占少数的外资企业对技术创新的影响未表现出显著性。这是由于外资股份较大的外资企业对国内其他企业的市场冲击效应较大,挤占了国内企业的市场份额,对技术创新产生负面影响。第二,企业进出口变量中,进口量大的企业技术创新能力比较强,而出口对企业技术创新的影响却不显著。这证实了进口贸易的技术溢出效应对技术创新有显著的促进作用的结论。第三,技术许可变量对企业技术创新影响为正,说明技术许可能有效地促进企业技术创新。这是因为创新技术的契约或合同签订后,技术许可带来的先进技术的扩散提高了被许可方的技术创新能力。第四,在企业的经营年限和企业规模变量中,企业的经营年限变量表现不显著,而企业规模变量则明显有利于企业技术创新。此外,企业的管理者素质和培训机会的增加也有利于企业的技术创新,而国有企业的技术创新能力则明显低于非国有企业。进一步,为了验证上述分析中得出的国际技术创新方式与企业技术创新之间的关系,在基本模型中依次引入其他与创新活动密切相关的变量,诸如研发、管理者素质、外部金融资助、行业技术复杂程度等,进一步考察其关系的可信度。表 3.8 反映了对国际技术转移方式与企业技术创新之间关系敏感度分析的结果。

表 3.8　国际技术转移方式对企业技术创新影响的敏感性分析

技术创新	(1) (全样本)	(2) (全样本)	(3) (全样本)	(4) (全样本)	(5) (*hind*)样本	(6) (*lind*)样本
外资股份占多数的外资企业	−0.2970*** (0.1144)	−0.3319*** (0.111)	−0.2994*** (0.1113)	−0.2977*** (0.1132)	−0.6051*** (0.2208)	−0.2294* (0.1323)
外资股份占少数的外资企业	0.0330 (0.1522)	0.0733 (0.1475)	0.0940 (0.1477)	0.0940 (0.1489)	0.0529 (0.0298)	0.1090 (0.1720)
出口	−0.0263 (0.0107)	−0.0044 (0.1043)	0.0026 (0.1045)	−0.0441 (0.1060)	0.0745 (0.1985)	−0.0555 (0.0126)
进口	0.4839*** (0.0968)	0.4665*** (0.0950)	0.4718*** (0.0948)	0.4640*** (0.0962)	0.8796*** (0.2030)	0.3776*** (0.1096)

续表

技术创新	(1) (全样本)	(2) (全样本)	(3) (全样本)	(4) (全样本)	(5) (*hind*)样本	(6) (*lind*)样本
研发	0.00002*** (0.00009)					
管理者素质		0.2305** (0.1086)				
外部金融资助			0.1146* (0.0692)			
制度质量				0.0676*** (0.0022)		
观察变量个数	1409	1499	1499	1451	395	1104
产业变量	Yes	Yes	Yes	Yes	Yes	Yes
地区变量	Yes	Yes	Yes	Yes	Yes	Yes

注：被解释变量为技术创新，表中所列数字为 Probit 模型对技术创新概率估计的边际效应，*、**、***分别表示 10%、5%、1%的显著性水平，括号内为标准误。模型中同样包括 age、size、pown、training、employee quality 变量，其结果未记录于表格中。所有变量定义见表 3.3.3。

上述基本模型输出结果及依次引入相关变量进入模型后的敏感度分析均表明：FDI、国际贸易、技术许可三种国际转移方式对企业技术创新活动均有明显影响。第一，FDI 对企业技术创新有显著的负面影响，而进口和技术许可促进了企业技术创新能力的提高。为了更具体地研究区域效应和行业效应，本节对区域虚拟变量和行业虚拟变量的输出结果进行更详细地测算，实证结果见表 3.9。分别考虑行业效应和区域效应之后，外资股份占多数的外资企业对技术创新并没有表现出促进作用，相反对技术创新产生了负向的作用。第二，进口对技术创新具有显著的促进作用，但在继续扩大进口贸易的同时，要注重进口"质"的提升。第三，技术许可证较进口对技术创新的促进作用更加明显，说明技术许可是我国企业借鉴国外先进技术、提升技术创新能力的重要途径之一。此外，企业经营年限，培训机会及人力资本水平对技术创新也具有不同程度的促进作用。

综上表明国际技术转移对技术创新影响不能一概而论，技术转移的方式、企业所有制类型、不同的行业技术复杂度、地域等都将影响企业的技术创新行为。因此，对外开放政策的制定应体现不同行业、不同所有制结构的差异性。对于生产能力落后的地区、行业或企业，可充分利用国际技术转移淘汰落后技术、培养规模生产能力，但同时应警惕国外先进技术对本土研发的"替代效应"，可能直接削弱企业技术创新动力。尤其在高新技术行业，作为全球价值链中的国际买家或跨国公司利用对全球终端市场的买方垄断能力及技术的先位势力侵占发展中国家高端市场空间，对本土企业造成的"挤出效应"，使企业丧失技术创新的市场激励。因此，甄别国际技术转移方式，消除内资企业，尤其民营企业融资面临的制度歧视，鼓励具有一定知识积累的企业进行技术创新，积极引导资源配置向研发部门转移，将有利于维持中国技术创新能力的提升。

表 3.9 国际技术转移方式对企业技术创新影响的区域和行业效应

(1)		(2)	
行业效应		区域效应	
外资股份占多数的外资企业	−03734*** (0.1079)	外资股份占多数的外资企业	−0.2708*** (0.0105)
外资股份占少数的外资企业	0.0904 (0.1441)	外资股份占少数的外资企业	0.0992 (0.1429)
出口	−0.0291 (0.1011)	出口	0.0030 (0.0970)
进口	0.0467*** (0.0925)	进口	0.6636*** (0.0880)
技术许可	0.5818*** (0.1722)	技术许可	0.6725*** (0.1681)
会计及相关服务	−0.0796*** (0.1894)	北京	−0.3727*** (0.1106)
广告机营销	−0.6627*** (0.1890)	天津	−0.7009*** (0.1163)
服装、皮具产品	−0.5975*** (0.1297)	上海	−0.0438 (0.1125)
商务物流服务	−1.1485*** (0.1830)	广州	−0.4906*** (0.0174)
通讯服务	−0.2454 (0.1846)		
消费品	−0.0055 (0.1380)		
电子元件	−0.0345 (0.1325)		
电子设备	0.4572*** (0.0141)		
信息技术服务	−0.0100 (0.1552)		
产业变量	Yes	产业变量	No
地区变量	No	地区变量	Yes

注：被解释变量为技术创新，表中所列数字为 Probit 模型对技术创新概率估计的边际效应。(1)指与车辆及车辆零部件相比。(2)指与成都相比。*、**、***分别表示 10%、5%、1%的显著性水平，括号内为标准误。模型中同样包括 age、size、pown、training、employee quality 变量，其结果未记录于表格中。所有变量定义见表 3.1。

3.5 小 结

本章分别从省际和企业微观角度出发，分析了开放经济条件下影响我国自主创新的因素，实证结果有一定差异。外商直接投资的溢出效应只有通过与人力资本相结合才能够实现，证明了“门槛效应”的存在，三种专利的申请与专利总量结论一致，即全部存在“门槛效应”，且在东部、中部、西部地区仍然存在；而微观角度研究结果表明 FDI 对企业技术创新有显著的负面影响。省际研究结果表明贸易开放度对我国的专利申请量具有显著的正面溢出效应，尤其表现在发明专利方面，通过贸易所产生的技术外溢只在中部地区较为明显，三大地区均未跨越促使外资产生显著正面溢出效应的发展门槛。微观结果表明：FDI、国际贸易、技术许可三种国际转移方式对企业技术创新活动影响不同，其中进口和技术许可促进了企业技术创新能力的提高。但国际技术转移对技术创新影响不能一概而论，如技术转移的方式、企业所有制类型、不同的行业技术复杂度、地域等都将影响企业的技术创新行为，此外企业的经营年限和企业规模变量、企业的管理者素质、培训机会的增加以及企业所有制类型均对企业的技术创新产生影响，这也为对外开放政策的制定应体现不同行业、所有制结构的差异性提供了一定的依据。

一个地区创新能力的提高，不仅取决于该地区整体经济发展水平、贸易开放程度及人力资本水平的提高，跨国公司作为国际技术转移主体的作用也正在不断增强，但跨国公司为了维持其在某些领域的垄断地位，还会千方百计地阻挠这种技术的转移和扩散，加上我国自身的经济结构和体制的障碍及吸收学习能力的有限，技术转移的效应可能达不到理想的理论水平。针对经验结果的差异，提出以下政策建议：

一是要进一步扩大对外开放水平，拓宽对外贸易的广度和深度。培育我国的自主技术创新能力，要把重点放在出口领域。一方面，在当今的开放经济条件下，有出口竞争能力的产业才能真正成为带动一国经济持续发展的主导产业，因此，自主技术创新应当在出口产业中寻求突破口，以使创新能够获得良好的经济和社会效应。在具体操作上，可以依靠转型来实现自主出口品牌产品的经营，借鉴国际知名品牌企业贴牌加工的概念，将公司自己开发设计的品牌产品以外包的方式让全球数以万计的工厂贴牌加工生产，由收购转型走向自主设计开发、自主知识产权、自主质量控制、自主销售与服务的出口品牌发展道路。

二是增强本国技术吸收能力，强化企业的自主创新主体地位。从提高本国吸收能力出发，促进产业关联度、提高本国人力资本存量、增强本国企业技术吸收水平等，将成为发展中国家制订贸易政策、引资政策、产业政策的一个基本政策导向。这也提醒我们，发展中国家通过制定优惠政策来吸引外资并不意味着一定能够从外商投资中获利，反而可能会因为外资企业对市场份额的占有、自主创新能力的削弱而带来种种弊端。因此，我们一方面要通过对外贸易、吸引外资等开放形式来获取模仿、学习机会；另一方面更要注重对自身吸收能力的培育。首先要建立可持续人才引进开发机制，以实现人才自由发展、充分发展为目标，以优化人才创新机制、创业环境为手段，着力打造从在校大学生到高端人才的创新人才链，不断优化和提升人才结构，为科技创新做好人才积累。要打破人才的身份限制和地域限制，促进人才自由有序流动。政府要营造吸引和聚拢人才的氛围，在政策吸引、舆论导向和优良环境上下功夫，以优越的待遇和创业平台来吸引人才大量涌进。其次是要深化产、学、研相结合，建立企业主导的产学研合作模式，提高企业技术创新效率。一方面要强调国家科技研究项目必须以产学研联合为基础，把企业的重大科技需求列入国家和地方重大科技计划，加强创新价值链各个环节的结合，有效整合各类创新资源。另一方面要使企业自主创新的行为在市场运作中得到有效激励，使技术开发、应用、产业化生产和市场运作间形成良性机制和自主创新链。最后是要完善技术创新的法律政策制度环境。一方面通过法律的完善激励创新行为，包括完善知识产权制度，强化知识产权保护，支持自主技术标准的形成。另一方面要通过完善产业技术政策和财政政策，调整和优化产业结构，淘汰落后技术和设备，鼓励发展高新技术产业和新兴服务业。

三是积极鼓励外资企业在国内设立研发中心，加强国际技术合作，将最先进的技术引进我国，在此基础上进行消化、吸收和再创新。鼓励外资企业与我国本土企业之间建立关联，利用外资企业的技术优势，带动我国产业技术水平竞争力的全面提升。有选择地引进和利用外商直接投资，积极发挥 FDI 通过技术溢出对我国技术进步的提升作用。制定有差别的外资政策以提高外商直接投资的效率，注重外资的质量而不是数量，设置门槛，重点引进技术型 FDI，积极引导 FDI 流向资金相对不足、技术水平相对落后的基础行业，把利用外资与推进产业的优化升级结合起来。对于这些行业我们可以通过减少税收、提供土地等优惠政策吸引外资。鼓励内外资企业公平竞争，加速国内企业技术更新，打造创新型产业链，最终形成劳动密集型——资本密集型——技术密集型的技术变迁路径。

四是重视国际技术转移的同时，要意识到积极对国内产业进行改革与调整的必要性。积极出台规则导向型政策，鼓励国内企业改善内部环境，使技术转移效应得到最大范围内的发挥。首先，应鼓励国内企业增强自身的科技力量，用各种方式提高劳动生产率以尽快缩小与外资企业的技术差距。同时，要加大对技术的投入，加大内资企业科技人员的比重。此外，要根据所在行业的特点，积极鼓励内资企业研发上的投入，跟上外资企业的脚步。其次，要给内资企业在研发投入上一定的反馈时间。由于研发特别是基础研发的特殊性，研发成果的体现通常具有一定的滞后性，但这并不意味着研发成果不理想；相反，只有国内自身的研发数量和质量上去了，才能与外资企业的研发更好接轨，使得技术转移效应更好发挥。最后，注意加强对国内弱势产业的扶持和保护力度，防止弱势内资企业发展初期过早的同实力强大的跨国公司直接相遇，尽量为国内新生产业的成长创造良好的空间和机会。

第4章　出口行为对中国企业技术创新的影响

4.1 引　言

改革开放以来，中国对外贸易迅速增长，即使在2008年金融危机席卷全球背景下，我国进出口总额仍达到2.56万亿美元，实现了17.9%的年增长率，在世界贸易大国排名中稳居第三，其中出口贸易占1.429万亿美元，保持17.2%的增速。由表4.1可看出，2012年1～4月，全国进出口总值为11671.8亿美元，同比增长6.0%，其中，出口5932.4亿美元，增长6.9%；进口5739.4亿美元，增长5.1%。4月，全国进出口总值为3080.8亿美元，同比增长2.7%，其中，出口1632.5亿美元，增长4.9%；进口1448.3亿美元，增长0.3%。

表4.1　2012年全国进出口简要情况表　　单位：亿美元

项目	4月		1～4月	
	绝对值	同比%	绝对值	同比%
进出口	3080.8	2.7	11671.8	6.0
出口	1632.5	4.9	5932.4	6.9
进口	1448.3	0.3	5739.4	5.1
差额	184.3	64.1	193.0	115.2

2012年1季度我国出口汽车18万辆，同比2011年增长10%，其出口金额109亿美元增速36%，大幅高于出口量的增速。根据中国海关统计，截至2012年3月底，中国医药保健品进出口总额185.15亿美元，同比增长14.35%。其中，出口总额110.26亿美元，同比增长8.96%；进口总额75.26亿美元，同比增长23.27%，高于出口增幅14.31个百分点。中药、西药和医疗器械三大类商品进出口额同比分别增长9.42%、14.58%和14.54%，均呈现稳步发展的态势。从海关统计数据来看，一季度三大类商品进出口均价普遍有较大幅度增长，其

中，中药类产品进出口均价上涨 24.95%，西药类商品上涨 15.13%，医疗器械类商品上涨 10.09%。但就进出口数量而言，中药类商品下跌 12.43%，西药类商品微跌 0.48%，医疗器械类商品还有 4.05%的上升，价格变化对数量变化产生一定影响。总体上说，一季度中国医保行业进出口保持了稳定发展的势头。我国对外贸易的飞跃式发展，不仅成为带动国民经济增长的一支重要力量，更为我国技术创新提供了重要的源泉。贸易开放通过从发达国家进口产品、设备、仪器等，给本国带来了更多的模仿和学习的机会；国际之间的商品及资金流动可以带来物化在其中的先进生产技术，是国际技术扩散的主要渠道。

表 4.2　2011 年货物进出口总额及其增长速度　　单位：亿美元

指标	绝对数	比上年增长%
货物进出口总额	34621	22.5
货物出口总额	18986	20.3
其中：一般贸易	9171	27.3
加工贸易	8354	12.9
其中：机电产品	10856	16.3
高新技术产品	5488	11.5
其中：国有企业	2672	14.1
外商投资企业	9953	15.4
其他企业	6360	32.2
货物进口额	17435	24.9
其中：一般贸易	10075	31
加工贸易	4698	12.5
其中：机电产品	7533	14.1
高新技术产品	4630	12.2
其中：国有企业	4934	27.1
外商投资企业	8648	17.1
其他企业	3852	42.9
进出口差额（出口减进口）	1551	—

正如第 3 章实证研究所表明的，国际技术转移对于技术创新具有重要的影响，而国际贸易和 FDI 是两种最为重要的物化型技术转移渠道。许多研究文献

从理论或者实证的角度考察了出口贸易、FDI的技术创新效应，但关于贸易开放影响技术创新的机制及效应有待进一步的细化，尤其在微观企业层面的研究有待完善和拓展。出口促进经济增长一直被新古典学派誉为最理智和最有效的发展战略，亚洲新型工业化国家和地区的发展就是该战略思路的有力证明(Chow，1987)。Balassa(1978)指出：出口加快了资本积累的速度，提高了专业化水平和优势资源的效率，有效扩大了市场规模并提供了较大的规模经济，加快了技术进步的步伐。随着计量经济学的广泛应用，众多学者从宏观层面实证检验了出口贸易与经济增长的关系(Feder，1983；Ram，1985；Dollar，1992)。二十世纪八十年代起，新增长理论的兴起使学术界更为广泛和深入地关注出口贸易与技术进步或技术创新的关系。国际经济学理论表明：通过出口贸易会扩大本国产品的市场范围，从而增加本国创新企业的获利机会，有利于企业更多的R&D活动；同时激烈的国际竞争会迫使企业不断进行技术创新，提高产品技术含量，以维持并扩大其产品的国际市场份额。Rhee、Larson 和 Pursell(1984)肯定了出口在技术扩散中的重要作用，认为出口厂商可以通过学习效应和商业联系获得技术外溢，并降低其他厂商参与出口的成本；Grossman 和 Helpman(1991)的大国模型也认为国际贸易促进了知识的国际溢出，激发了创新者之间的竞争，减少了研发活动中的重复劳动，提高了R&D部门的总生产率。

同时，内生性增长理论认为技术进步是经济发展的内生动因，技术的进步也不断改变了贸易条件和规模，而这些又很好地促进了贸易结构的完善。以Melitz(2003)为代表的经济学家们将研究视角转向微观层面，并建立了新新贸易理论的基本分析框架。Helpman、Melitz 和 Yeaple(2004)把 Melitz(2003)模型进一步深化，认为企业是在仅在国内生产，既在国内生产又出口，还是既在国内生产又进行国外直接投资三种组织方式之间进行抉择。但最初异质企业模型忽略了诸如企业组织结构、企业进入国际市场方式等因素的影响。另外，早期的异质企业贸易模型假定对称性国家、市场规模一定，且没有考虑政策因素带来的影响。同时，也有部分学者对内生性增长模型在相关领域进行了应用。谢涓和李恒(2010)、张超(2011)分别将产品创新和一个量化的贸易开放度参数植入内生性增长模型中，揭示对外贸易对经济增长的影响，并认为技术进步是中国加快向内生性转变的一个重要着力点。

最近十多年来，宏观向微观领域的拓展成为了国际贸易理论的重要发展趋势之一。从微观企业层面上而言，一个重要论题是“为什么企业选择出口”，由此引申出的问题是“出口企业是否比非出口企业拥有更高的生产率，为什么?”，围绕这一问题的研究遵循两条线索，一是实证研究，即从数据中找出出口企业与生产率之间的联系；二是理论建模，即突破传统理论中“企业同质性”假设，将企业异质性纳入新古典经济学分析框架中,试图寻找企业出口行为的均衡条件,并对企业出口进行福利分析,相关研究形成了所谓的“新新贸易理论”[①]。

国外很多学者也通过实证研究证明了出口企业的生产率高于内销企业(Bernard 和 Jensen, 1995、1999、2004; Bernard 和 Wagner, 1998; Head 和 Ries,2003;Namini 和 Lopez, 2006, Bernard 等,2006、2007)。这一结论常常成为国家实行出口导向战略的理论依据,然而出口企业所拥有的高生产率并不能证明是由于出口所导致的。因此,学者们围绕两个猜想展开:一是企业出口的“自我选择效应”[②],即企业进入出口市场存在进入壁垒和沉没成本,企业必须具备一定的高生产率才能支付包括运输成本、营销成本等在内的沉没成本,才有获得利润的空间。因此企业在进入出口市场之前就已经具备高生产率,生产率高的企业才更为适合出口;企业出口是自我选择的行为,如 Jensen 和 Musick (1996)对美国、Greenway 和 Kneller(2004)对英国、Amold 和 Hussinger(2005)对德国、Kimura 和 Kiyota(2006)对日本、Aw 等(2000)对中国台湾以及韩国的经验检验都证明了自我选择效应。这些研究认为,企业将考虑到国际市场的准入成本更大,再依据自身实力做出是否出口的决定。所以只有那些生产率较高的企业能支付相应成本才能进入出口市场,即高生产率是企业出口的“因”,而非其“果”。而仅有 Karry(1999)针对中国企业展开,其他许多研究主要是采用区域或者行业的数据进行分析,并且在计量方法和数据的选用方法上存在缺陷,从而使得现有研究难以得出一致性的结论。另一个猜想是企业在出口贸易的过程中是否存在干中学,即所谓的“出口中学效应”。企业进入出口市场后,可以从国外顾客以及竞争对手处获得先进的生产技术和高效率的管理方式等,或者由于国外顾客对产品质量的高要求,会对出口企业进行技术输入和培训,从而促进企业生产率的提高。如 Kraay(1999)、张杰(2008、2009)、王华等(2011)对中国,Crespi 等(2006)对英国,De Loecker(2007)对斯洛文尼亚,Castellani(2001)对意大利的研究都支持出口中学效应的存在。

首先,就实证方法而言,大多数文献都从生产函数出发估计全要素生产率,再进一步考察出口与企业生产率之间的关系,而生产函数的估计往往是不精确、有偏的。全要素生产率通常用索洛余值法计算由实际观察数值和最小二乘计算所得的估计值之间的偏差,但只有当所有的解释变量都是外生的,且与干扰项无

① 其中 Melitz(2003)和 Bernard and Jensen(1999)为该理论作出巨大的贡献。

② Clerides etal. (1998)最早提出了自我选择效应。按照这一猜想由于出口市场存在进入壁垒(运输成本、分销与市场营销成本、企业为适应国外标准而改变产品的成本等),因此只有生产率较高的企业才可以克服这些沉没成本。

关时才能得出无偏、一致的估计。传统的估计方法存在如下两方面的问题:其一,选择性偏差。作为微观单位的企业不像行业层面和国家层面的数据那样具有时序上的持久性,可能会由于企业破产、合并或没有对数据作连续性记录等原因而产生一个非平衡的面板,而这种由于数据损失所导致的样本选择性偏误在回归时就不可避免地产生有偏系数。其二,要素投入的内生性,即同步偏差。为了达到利润最大化,企业通过调整产出来应对生产率的冲击,从而企业的要素投入也随之改变。换言之,企业本身可观察到所面临的生产率冲击,但要素投入的动态调整和内生性使计量经济学家无法观察到这种冲击,这就会产生同步偏差问题。对此,本书同时采用 Blundell 和 Bond (1999) 提出的基于动态面板数据的系统广义矩估计(SYS-GMM)和 Olley 和 Pakes(1996)提出的半参数估计法加以纠正。

其次,以前与此相关的经验研究几乎都采用了总体跨国数据。而众多对中国问题的实证研究都遇到了数据上的挑战,即在微观数据不可获得的情况下选择宏观数据作为研究对象。本章则利用中国 1997—2000 年共 1548 家企业连续 4 年的面板数据,从微观企业层面深入考察了出口行为和企业生产率之间的关系,实证分析企业出口行为与企业生产率的关系,考察我国企业出口的“自我选择效应”与“出口中学效应”,主要基于干中学效应、链接效应等角度来实证分析我国企业出口行为与 FDI 的技术创新效应及其渠道。

4.2 实证模型设定与计量方法说明

4.2.1 模型设定

本章的主要目的是检验出口行为对企业生产率的影响,对此,以往研究往往采用出口溢出效应的计算方法,即首先根据生产函数估算出企业生产率,再将出口行为转化为虚拟变量对企业生产率进行回归,得到出口企业和非出口企业的生产率差异以判断“出口中学效应”是否存在(Aw B. Y 等,1995;Castellani, 2002;Baldwin 和 Gu,2003)。正如前文所讨论的,这样存在的一个问题是,基于生产函数估算的全要素生产率往往是有偏的。为避免这种估计偏差,而直接将出口状态以虚拟变量的形式加入生产函数进行估计,并在随后的估计方法中予以控制。这里采用形式灵活的超越对数生产函数模型,该模型的优点在于对所选取的生产函数未做任何限制,允许要素间替代弹性可变,允许存在非中性的技术进步(Blalock 和 Gertler, 2004)。设定基本模型如下:

$$\ln Y_{it} = \alpha Export_{it} + \beta_1 \ln K_{it} + \beta_2 \ln L_{it} + \beta_3 \ln^2 K_{it} + \beta_4 \ln^2 L_{it} + \beta_5 \ln K_{it} \ln L_{it} + \varepsilon_f + \varepsilon_{it} \tag{4.1}$$

其中 Y_{it}、K_{it}、L_{it} 分别为企业的产出、劳动和资本。$Export_{it}$ 是出口的虚拟变量，若企业 i 在 t 年参与出口，则变量取值为 1，其估计系数 α 如果为正，表示出口行为与企业生产率之间存在某种正向关联。但值得注意的是，该系数为正并不能说明出口企业因为进入出口市场而获得了较非出口企业更快的生产率。这里的关键在于确定出口行为和企业生产率之间的因果关系。通常认为生产率高的企业更倾向于出口，若不能很好地解释出口企业和非出口企业之间生产率差异的源泉，则出口企业的高生产率往往被归结为企业"自我选择效应"的结果。

在对生产函数进行估计的过程中，需要考虑那些无法观测的可能同时影响投入水平和出口决策的因素，这些非观测效应在模型(4.1)中包含在 ε_f 中，可以被理解为企业的雇员能力、资本、管理技能，地区间不同的人力资本水平、区位优势、地区壁垒、行业特征以及随时间变化的因素，如政策因素等。虽然部分非观测效应在样本期间基本上保持不变，但是这些非观测效应在一定程度上与企业的生产率有很大联系。例如，如果一个地区的人力资本水平比较高，那么处在该地区的企业的平均生产率水平应该会高于那些处在人力资本水平较低的地区的企业。而这些非观测因素与出口决策 $Export_{it}$ 可能会存在较强的联系。例如，出口行为往往发生在那些拥有较高人力资本水平和技术的企业，生产率水平高的行业也更倾向于出口。同时，由于某些行业本身拥有较高的生产率水平，通过出口进入国际市场后，会发挥其规模和技术优势进一步提高其生产率水平。基于以上考虑，在估计超越对数生产函数时，必须控制这些非观测固定影响，得到本章主要模型：

$$\ln Y_{it} = \alpha Export_{it} + \beta_1 \ln K_{it} + \beta_2 \ln L_{it} + \beta_3 \ln^2 K_{it} + \beta_4 \ln^2 L_{it} + \beta_5 \ln K_{it} \ln L_{it} + \alpha_i + \lambda_r + \nu_j + \gamma_t + \bar{\omega}_{it} + \varepsilon_{it} \tag{4.2}$$

在模型(4.2)中，α_i 代表不随时间变化的企业个体效应，同时加入城市 λ_r、行业 ν_j、虚拟变量对模型的非观测效应进行控制。另外模型中还包括了时间虚拟变量 γ_t 用于控制那些遗漏的随时间变化的影响。$\bar{\omega}_{it}$ 是异质性生产率冲击①，它与模型误差项 ε_{it} 的区别在于前者能被企业经营者察觉，并根据 $\bar{\omega}_{it}$ 调整其投入，而后者则不能。

4.2.2　变量选取与描述性统计分析

采用第三章中提到的企业调查数据，对于样本中存在的数据缺失、误报的情

① $\bar{\omega}_{it}$ 被视为先决变量，即当期的干扰项 ε_{it} 影响该变量的后期值 $\bar{\omega}_{i,t+1}$。

况，其处理方法如下：首先，如果企业存在缺损值的数据不超过两年，就在该企业最早和最后年份数据基础上用插值的方法来填补观测期内的数据缺损；如果存在2年以上的数据缺失，则去掉该企业样本。其次，采用插值的方法保留了1467家企业的数据，损失了5.3%的样本，并根据调整后的数据，观测到1997—2000年各地出口企业数量的变化，如表4.3所示。样本中各城市的出口企业数量均呈稳定上升趋势，这与中国多年以来改革开放所取得的成功是相一致的。其中广东省出口企业数量稳居首位，上海次之，成都最低。值得注意的是，成都出口企业数的增速是各地最快的，反映出我国中西部地区近来对外开放的强劲步伐。

表4.3 观测期内每年出口和非出口企业的数量

城市	企业数量							
	1997		1998		1999		2000	
	出口	非出口	出口	非出口	出口	非出口	出口	非出口
北京	51	242	56	237	62	231	67	226
天津	59	227	63	223	72	214	75	211
上海	93	206	107	192	119	181	124	175
广州	113	179	122	170	127	165	139	153
成都	30	267	33	264	40	257	51	246
总数	346	1121	381	1086	420	1047	457	1010

注：此处出口企业包括在调查年间有出口行为的所有企业。

考虑该调查问卷中各数据的可信度，本章主要变量选取如下。企业产出采用增加值来衡量，即各年总销售额减去各年材料成本，包含原材料、能源及其他三项。资本用企业各年固定资本账面价值衡量。由于原始数据均按当年价计算，包含了各年的价格影响因素，不能确切地反映实物量的增减变化，本章采用《中国统计年鉴》提供的各地区相应年度的商品零售价格指数和固定资产投资价格指数分别对企业销售额、材料成本和固定资本账面价值进行平减①。劳动力投入用企业每年平均雇员人数代替。另外数据提供了企业1997—2001年出口销售收入额，为本章确定企业的出口状态提供了依据。根据Clerides等(1998)，

① 价格指数的原始数据采用环比指数形式，此处转换为以1997年为基期的定基指数，再进行平减。

企业依照其出口状态可分为五种类型，即非出口企业①、出口企业②、进入企业③、退出企业④以及转换企业⑤。在样本观测期，20%的企业一直保持出口，10%的企业进入出口市场，而退出出口市场以及在出口行为中转换的企业各占 1%。表 4.4 给出了主要变量的描述性统计。

表 4.4　出口企业和非出口企业的描述统计

变量	出口公司			非出口公司		
	样本数	均值	标准差	样本数	均值	标准差
Ln(Y)	1604	9.819	1.784	4264	8.404	2.010
Ln(K)	1591	10.273	1.965	4277	8.354	2.490
Ln(L)	1559	5.944	1.383	4309	4.751	1.546
占出口额的百分比	1604	0.481	0.415	4264	—	—

注：此处出口企业包括在调查年间有出口行为的所有企业。

与预期一致，出口企业相比非出口企业而言拥有更高的产出、雇佣更多的员工，并投入更多资本。因此接下来考察企业"出口中学效应"时，有必要对出口企业可能的"自我选择效应"予以控制。

4.2.3　实证估计方法

同步性偏差和选择性偏差是估计模型(4.2)时必须考虑的问题。同步性偏差源于企业以利润最大化为目标，根据了解到的生产率调整要素投入，而这种生产率冲击(Productivity shocks)却不能在传统计量方法中被识别出来。即如果误差项中存在企业异质的非观测因素并影响企业的出口决策和投入水平，比如某企业的经营者颇具远见，通过正确的生产抉择在促进企业生产率的同时，提高了企业出口倾向，那么此时不能使用最小二乘来估计超越对数生产函数。为了改进在经典方法中这种潜在的同步偏差带来的内生性问题，早期的研究者使用双向固定效应模型（固定企业和年份）来减少回归偏误，这种方法有效地控制了某些隐性的生产率变动，但对于解决反向内生性并没有多少帮助。Yasar 等(2008)指出只有当假设企业生产函数中的非观测因素是非时变的，才可能应用固定效应估计解决同步性问题，双向固定相应法仍然不能令人满意。因此采用

① 非出口企业：在调查期间从未出口的企业。

② 出口企业：在调查期间一直出口的企业。

③ 进入企业：在调查初期是非出口企业，但是在调查期间开始出口并从未停止。

④ 退出企业：在调查初期是出口企业，但是在调查期间停止出口并从未恢复。

⑤ 转换企业：调查期间，在出口与不出口的状态间转换不止一次的企业。

系统广义矩估计法(SYS-GMM)以控制生产函数的系数估计误差。

(1)系统 GMM 估计方法

系统广义矩估计法(SYS-GMM)的基本思路是,首先构建动态方程,并对其进行一阶差分以消除非观测的固定效应,得到如下动态面板模型:

$$\Delta \ln Y_{it} = \alpha \Delta Export_{it} + \beta_1 \Delta \ln K_{it} + \beta_2 \Delta \ln L_{it} + \beta_3 \Delta \ln^2 K_{it} + \beta_4 \Delta \ln^2 L_{it} + \beta_5 \Delta \ln K_{it} \ln L_{it} + \theta \Delta \ln Y_{i(t-1)} + \gamma_i + \bar{\omega}_{it} + \varepsilon_{it} - \varepsilon_{it-1} \quad (4.3)$$

此时,由于模型中右边解释变量包含了因变量的滞后项,从而使得解释变量与随机扰动项相关,即新的误差项 $\varepsilon_{it} - \varepsilon_{it-1}$ 与 ΔlnY_{it-1} 相关,如果采用标准的固定效应模型或随机效应模型来估计动态面板数据模型的参数,必然导致参数估计有偏性和非一致性,从而基于参数估计结果进行的统计推断必定是扭曲的。对此,Arellano 和 Bond(1991)提出了一阶差分广义矩估计法(First-differenced GMM),Arellano 和 Bover(1995)、Blundell 和 Bond(1998)在此基础上,进一步提出系统广义矩估计方法,修正了差分方程弱工具变量问题,将水平方程中解释变量一阶差分的滞后一期投入作为方程的工具变量,并将差分方程中滞后两期的水平变量作为一阶差分的工具变量,很好的解决了生产函数估计中的同步偏差问题,并提高了动态面板数据模型参数估计效率。尽管系统 GMM 方法仍然面临控制企业退出的选择性偏差的技术挑战,但这不妨碍使用系统 GMM 方法作为一项回归稳健性的检验。

(2) Olley-Pakes 估计方法

系统广义矩估计的缺点在于不能处理数据选择性偏差。为控制因忽略样本在观测期倒闭或退出市场所造成的估计偏差,可以通过排除那些在观测期退出的样本来估计一个平衡样本,但这种处理方法将浪费数据中的一部分有用信息。

Olley-Pakes 估计法分为三阶段估计,其关键在于对隐形生产效率的处理上。公司经营者在已知当前效率的条件下对公司的要素投资进行决策,并直接影响下一期的投入。往往一个企业的生产效率越高,就越容易追加投资,可以假设企业新追加的投资值和他现有的资本总量以及生产效率有关,即隐性生产率变动在未来实现的预期值依赖于他的现值。从 Cobb-Douglas 生产函数出发,根据 Olley-Pakes 方法的思路,假定企业的投资是隐性生产率和资本对数的增函数;同时,依照 Biesebroeck (2005)和 Loecker(2007),将企业的出口决策引入企业投资函数,得到:

$$\ln I_{it} = I_{it}(Export_{it}, \ln K_{it}, \bar{\omega}_{it}) \quad (4.4)$$

根据上式易得到其反函数:

$$\bar{\omega}_{it} = h_{it}(Export_{it}, \ln K_{it}, \ln I_{it}) \quad (4.5)$$

即隐性生产率也取决于资本的对数和企业的出口决策,代入生产函数有:

$$\ln_{it} = \beta_0 + \beta_l \ln L_{it} + g_{it}(Export_{it}, \ln K_{it}, \ln I_{it}) + \varepsilon_{it} \tag{4.6}$$

其中 $g_{it}(\cdot) = \beta_k \ln K_{it} + h_{it}(Export_{it}, \ln K_{it}, \ln I_{it})$，显然此时出口和资本变量的系数不能被直接估计出来。但是可以通过对(4.6)式的估计得到 β_l 的一致估计，并得到残差 $R_{it} = \ln Y_{it} - \beta_l \ln L_{it} - \beta_0$。同时根据 Olley 和 Pakes (1996)和 Loecker(2007)，使用资本的对数、投资的对数和出口虚拟变量的四阶多项式代替 $g_{it}(\cdot)$得到隐性生产效率：

$$h(Exported_{it}, \ln K_t, \ln I_t) = g_{it}(\cdot) - \beta_k \ln K_{it} \tag{4.7}$$

接下来的步骤是获得无偏的估计系数 β_k，这里涉及到选择性偏差的问题。通常认为相对于非出口企业，出口企业拥有更高的资本水平从而抵抗负向生产率冲击的能力更强。OP 的处理方法是构建企业生存概率函数来控制因企业的进入和退出引起的选择性偏差：

$$R_{it} = \beta_k \ln K_{it} + h_{it}(g_{i,t-1}(\cdot) - \beta_k \ln K_{i,t-1}, \hat{\Pr}_{i,t-1}) + \varepsilon_{it} \tag{4.8}$$

其中，$\hat{\Pr}_i$ 是下一年企业 i 退出概率的拟合值，是一个非线性的 Probit 概率计量模型，可通过资本对数和投资对数的高阶多项式估计得到。此时要求一阶段和二阶段资本对数的估计系数相同，最理想的做法是通过非线性最小二乘回归得到 α、β_k 的一致估计[①]。

估算企业的投资 I_t 是使用 Olley-Pakes 法估计生产函数的必须步骤，本章采用永续盘存法来估算：

$$I_{it} = K_{it} - (1-\delta) K_{i,t-1} \tag{4.9}$$

其中 δ 表示企业在 1997—2000 年之间的折旧率。对于中国企业折旧率的确定存在较多争论。例如，Wang 等(2002)的研究认为，考虑到中国的经济高速发展和经济转型背景，折旧率为 15%是符合中国现实的。但也有研究指出，5%的折旧率也是一个切合发展中国家的选择值(Perkins，1988)。考虑到多数学者在针对中国背景的研究时都倾向于采用 15%的企业折旧率，本书也选用了 15%的折旧率来估算企业的投资。

通过借鉴 Olley 和 Pakes(1996)的模型框架，本书在不借助任何工具变量的条件下控制了投资决策、出口决策和企业生产率之间相互决定所引起的内生性问题，并有效解决因企业选择进入还是退出市场造成的样本选择性偏差问题。当然 Olley-Pakes 框架也有其局限性，比如严格假设企业决策是隐性生产率的单调增函数，但仍可以将 Olley-Pakes 估计作为一种更有效的估计结果。

① 本书的重点是研究出口回报，而这已在三阶段估计的第一阶段得出，因此 Olley-Pakes 估计的详细说明超出了本书研究范围，在此略去。

4.3 企业出口行为与技术创新的实证结论与分析

4.3.1 出口与技术创新的检验结果

估计的基本结果见表 4.5,所有方程中都具有产业、年份和地区的虚拟变量,在此没有报告。

表 4.5 企业出口行为创新效应的估计结果

$\ln Y_{it}$	OLS		FE	GMM		OP
	(1)	(2)	(3)	(4)	(5)	(6)
出口状态	0.3013*** (0.042)		0.2079*** (0.059)	0.2795*** (0.032)		0.2508*** (0.063)
出口企业		0.3856*** (0.046)			0.1346*** (0.032)	
进入企业		0.2480*** (0.071)			0.2331*** (0.057)	
退出企业		0.1898* (0.126)			0.1608 (0.115)	
转换企业		0.2135 (0.187)			0.1204 (0.145)	
$\text{Ln}Y_{i(t-1)}$				0.5597*** (0.059)	0.5625*** (0.057)	
$\ln K_{it}$	0.3293*** (0.045)	0.3317*** (0.0455)	0.4454*** (0.0768)	0.2778* (0.042)	0.2765* (0.041)	0.6181*** (0.119)
$\ln L_{it}$	0.8077*** (0.073)	0.8789*** (0.0735)	0.9066*** (0.115)	0.8046*** (0.088)	0.8239*** (0.086)	0.7298*** (0.136)
$\ln^2 K_{it}$	0.0376*** (0.004)	0.0375*** (0.004)	−0.0012 (0.006)	0.0137*** (0.005)	0.0136*** (0.004)	
$\ln^2 L_{it}$	−0.0467*** (0.013)	−0.0480*** (0.0126)	−0.0381** (0.016)	−0.0419*** (0.013)	−0.0402*** (0.013)	−0.0616*** (0.013)
$\ln K_{it}\ln L_{it}$	−0.0226* (0.013)	−0.0216* (0.013)	0.0080 (0.018)	−0.0301** (0.014)	−0.0287** (0.013)	
Cons	4.3511*** (0.198)	4.3585*** (0.198)	2.4575*** (0.439)	0.0110 (0.302)	0.1138 (0.295)	

注:括号中的数字是出口溢出的点估计相应的异方差稳健性统计量。* 表示在10%的水平上显著;**表示在5%的水平上显著;***表示在1%的水平上显著。

为了考察出口行为对企业生产率的贡献以及不同类型出口状态的贡献差异，对引进出口状态变量的超越对数生产函数进行估计，并采用了两种不同类型的出口状态虚拟变量：一是根据 i 企业在 t 年是否出口，出口取值为 1，否则为 0；二是根据 Clerides 等(1998)，企业出口行为细分为五种类型。F 检验显著拒绝了模型不存在城市效应、行业效应和时间效应的原假设，相应的各回归中均加入了城市、行业和时间的虚拟变量，以控制个体效应引起的偏误。表 4.5 分别汇报了采用最小二乘、固定效应模型、广义矩估计和 Olley-Pakes 法的估计结果。

表 4.5 第 1、2 列是 OLS 的估计结果，作为模型估计的参照组。对超越对数生产函数分别运用随机效应模型与固定效应模型进行估计，得到 Hausman 检验值为 70.43，在给定显著性水平 1%的情况下，Hausman 检验支持固定效应模型，具体结果参见表 4.5 第 3 列。但固定效应不能很好解决企业生产率和企业投资及出口行为之间存在的内生性问题，进一步本书通过使用 SYS-GMM 方法将生产模型设定为包括现在和过去在内的所有类型企业投入的影响，获得系数的一致估计，该方法通过假设未观测到的生产率冲击依赖于对前期的认识，也就是说，劳动和资本投入一样是内生的。Sargan 过度识别检验值 105.3，拒绝了不存在过度识别的原假设；但根据 Hansen 的过度识别检验结果为 4.07，不能拒绝不存在过度识别的原假设。Blundell 和 Bond(1998)指出 Hansen 检验结果较 Sargan 检验更为稳健。在本章工具变量个数控制在 20 以内的情况下，对于两种检验结果的冲突，有理由采取 Hansen 检验的结论。另外扰动项二阶序列相关的 Arellano-Bond 检验的 P 值为 0.192，不能拒绝不存在序列相关的原假设，据此可以判定 GMM 模型的设定是基本合理的，其估计结果如表 4.5 第 4、5 列所示。为了获得超越生产函数系数的一致估计结果，在控制同步偏差可能造成的内生性问题之外，还需控制数据本身的选择性偏差对估计结果的影响，Olley－Pakes 法无疑是有效的解决方法，表 4.5 第 6 列给出了估计结果。除此以外，异方差性也是估计过程中需要解决的问题。虽然异方差性并不会导致系数的估计量有偏或不一致，但是估计量的方差在没有同方差假定的条件下是有偏的，而变量的标准误是以这些方差为基础，所以本章均给出通过稳健性估计得到的各个变量的异方差稳健性标准误。

出口状态虚拟变量的回归系数是关注的焦点，从表 4.5 给出的结果可以看出，出口变量 $Exported_{it}$ 在各种回归方法下得到的结果比较稳定，参见第(1)、(3)、(4)、(6)列。$Exported_{it}$ 的系数均在 1%的水平上显著为正，其中基于 OLS 的估计结果最高，达 31.03%，而在对同步性偏差以及选择性偏差予以控制之后，出口变量的系数明显下降，说明计量方法的选取在一定程度上控制了内生性问题引起的偏差，但系数始终保持在 20%以上。$Exported_{it}$ 的系数表明具有出口行为的企业相比非出口企业，其企业生产率平均水平高出20%～30%左右。表4.5第2列和第5列估计采用Clerides等(1998)对企业出口类型的分类法，分析比较不同出口状态对企业生产率的贡献差异。基于OLS估计法的结果表明：相比非出口企业，一直出口的企业具有最为明显的生产优势；其次是新进入出口行业的企业；在出口与不出口间多次转换的企业再次之，但系数不显著；观测期内退出出口市场的企业生产优势更弱，但其生产率水平仍高出非出口企业约18.98%。采用SYS-GMM方法估计的结果与OLS的结果较为一致，四种拥有出口经历的企业状态变量系数均为正，但值得注意的是，各类型企业的系数又发生了各自的变动。在表4.5第(5)列结果中，进入企业的系数成为了最高的，达23.31%；而出口企业的系数大幅下降，仅为13.46%；转换企业和退出企业的系数均为正，但统计上不显著。SYS-GMM的回归结果整体上低于OLS，一种合理的解释是出口决策、要素投入和产出之间隐含的动态联系减弱了出口对企业生产率影响。但就总体而言，出口状态变量对企业生产率的影响对于不同的估计方法并不敏感，具有出口经历的企业生产率水平显著高于从未出口的企业。

另外，与OLS回归、固定效应模型、SYS-GMM方法等估计的结果相比，Olley-Pakes法估算的资本对生产率贡献的系数(0.6181)要明显偏高，而劳动力的系数普遍低于其他方法。这个结果与Olley和Pakes(1996)、Biesebroeck(2005)以及Loecker(2007)等的结果相一致，表明使用OP方法可以解决样本数据中同步偏差和样本选择偏差导致的问题。

4.3.2 自我选择效应和出口中学效应的因果检验

利用上述模型的估计结果能揭示处于出口和非出口状态的企业之间是否存在生产率差异，但无法推断出口和企业生产率之间的正相关关系究竟是因为“自我选择”效应，抑或是“出口中学”效应实现的，即不能表明出口是否促进了企业生产率的提升。“自我选择”效应意味着只有那些生产效率高并具有特质性优势的企业，比如品牌实力、技术创新能力等，才能具备支付出口贸易所需的国外消费者品牌认同、国外营销渠道开拓、国际交易风险等高额沉淀成本与开拓成本的基础能力，所以企业的高生产率是在做出出口决策之前已经具备的，而不是从出口中获得的(Roberts 和 Tybout，1997，Bernard 和 Jensen，1999，Bernard 和

Wagner，2001）。本书借鉴 Blalock 和 Gertler（2004）的方法[①]，充分考虑出口行为和生产率变化的相对时间，直接检验企业的“自我选择效应”和“出口中学效应”。本书的检验分为两个层面，首先检验企业在进入出口之前是否已经具有较高的生产率，若出口企业在出口前的生产效率显著高于非出口企业，则说明存在“自我选择效应”；再次当企业由出口转为非出口状态后是否伴随生产率下降，若不存在生产率下降则说明公司的确从出口中获得技术的提高，期望在参与出口的企业即使在停止出口行为后仍保持稳定的生产率增加，以支持“出口中学”假说。

另外，Girma 等（2004）指出检验“出口中学效应”是否存在的最直接的方法就是将过去的出口对当期的生产率进行回归，本书在采用 Blalock 和 Gertler（2004）的方法之外，还采取此思路检验了“出口中学效应”在中国是否成立，作为一项回归稳健的检验。

对“自我选择效应”予以控制，以分析具有出口行为企业的高生产率是出口引致的，还是在出口之前就具有了较高的生产率。根据 Blalock 和 Gertler（2004）的方法，表 4.6 给出了考虑这一因果关联的估计结果，所有方程中都具有产业、年份和地区的虚拟变量。表 4.6 第（2）列加入了企业在进入出口市场前一年的虚拟变量，该系数为负且在统计上不显著，意味着在企业加入出口市场之前并没有表现出明显的生产率增加，生产率优势是在采取出口行为后伴随发生的。第（3）列中，加入虚拟变量表示企业退出出口市场后的年份，虚拟变量取 1 意味着之前参与出口的企业在 t 年不再出口。根据“自我选择效应”的假设，出口停止将伴随生产率的下降，该系数应该为负。但估计结果与该假设相反，该变量的系数为正且不显著，这与“出口中学效应”假设的结果一致。综合第（2）列和第（3）列的结果，有理由推断出口企业较高水平的生产率并非是自我选择的结果，而是与出口行为中的“出口中学效应”有关。表 4.6 第（4）列将 t 年是否出口的虚拟变量替换成在 t 年出口或在 t 年之前年份有出口行为的虚拟变量，即某企业拥有出口经历后该变量取 1。估计得到的系数正向显著，与 t 年出口的虚拟变量结果类似，有效地说明从出口行为中获得的生产率提高是持续稳定的。第（5）列作为一项回归稳健性的检验，滞后一期的出口变量在 10% 的显著性水平下为正，意味着前一期的出口对企业当期的生产率仍有促进作用，进一步说明“出口中学效应”的存在。

① 近年来发展的匹配抽样模型（Matched Sampling Model）为该问题的研究提供了新思路（Wagner，2002；Girma 等，2004；Alvarez 和 Lopez，2004），但由于本书数据的限制，此处仍沿用 Blalock 和 Gertler（2004）的方法。

表 4.6　自我选择效应的检验结果

	OLS	FE			OP
	(1)	(2)	(3)	(4)	(5)
出口状态	0.3013*** (0.042)	0.1538** (0.075)	0.2387*** (0.064)		
进入出口市场前一年		−0.1011 (0.087)			
退出出口市场年			0.1562 (0.131)		
t 年或之前年份有出口行为				0.2816*** (0.071)	
滞后一期的出口					0.1611* (0.092)
$\ln K_{it}$	−0.1293*** (0.045)	0.2471*** (0.077)	−0.2472*** (0.077)	−0.2543*** (0.077)	0.5031*** (0.073)
$\ln L_{it}$	1.077*** (0.073)	1.1110*** (0.115)	1.1037*** (0.115)	1.0951*** (0.115)	1.0786*** (0.163)
$\ln^2 K_{it}$	0.0376*** (0.004)	−0.0013 (0.006)	−0.0015 (0.006)	−0.0025 (0.006)	
$\ln^2 L_{it}$	−0.0467*** (0.013)	−0.0382** (0.016)	−0.0380** (0.016)	−0.0384** (0.016)	−0.0656*** (0.014)
$\ln K_{it} \ln L_{it}$	−0.0226* (0.013)	0.0078 (0.018)	−0.0082** (0.018)	−0.0095** (0.018)	
Cons	4.3511*** (0.198)	2.4545*** (0.439)	2.4567*** (0.439)	2.4518 (0.438)	
企业数量	5254	5254	5254	5254	
调整的 R^2	0.7627	0.7118	0.7138	0.7135	
F 统计量	794.83 0.0000	111.86 0.0000	111.87 0.0000	125.47 0.0000	
Hausman 检验		78.69 0.0000	74.61 0.0000	82.56 0.0000	

注：括号中的数字是出口溢值的点估计相应的异方差稳健性统计量。* 表示在 10%的水平上显著；**表示在 5%的水平上显著；***表示在 1%的水平上显著。

4.4 小　结

本章采用 1997—2000 年中国一千多家代表性企业数据，从形式更为灵活的超越对数生产函数出发，纳入出口状态变量，考察了出口行为与企业生产率之间的关系。为得到生产函数的无偏一致估计量，需要处理两大类问题，一类是生产函数估计过程中产生的偏差，这又分为同步偏差带来的内生性问题，和因企业退出引起的选择性偏差问题。对此分别采用了固定效应模型、系统广义矩估计和 Olley－Pakes 估计法得到模型的无偏、一致估计量。第二类问题是需要考虑出口行为和企业生产率之间的因果关系，对此充分考虑出口行为和企业高生产率的相对时间来检验这种高生产率是企业“自我选择效应”的表现，还是由“出口中学效应”引起的。本章的实证结果表明：出口企业的生产率相对非出口企业高出 20％～30％左右，这一生产率优势被较为稳健的归结于“出口中学”效应的结果，即企业参与出口的过程中通过“出口中学”效应促进了企业生产率的提高。这为“出口中学”理论假说提供了来自中国的经验证据，更为识别出口导向型发展战略对我国经济增长的贡献提供了来自微观视角的证据。在产业发展政策上应给出口高附加值产品的企业以大力扶持，鼓励其通过技术创新提升出口产品的整体技术附加值水平，积极引导企业以高技术附加值产品占领国际市场，从总体上全面提升中国产品的国际市场竞争力。根据传统的比较优势贸易理论，发展中国家由于拥有相对丰裕而廉价的劳动力，通常在劳动力密集型产品的生产上具有比较优势，这也是发展中国家参与国际分工的基础所在。而出口贸易的发展可能会带来更多的技术溢出效应，本国有更多的学习和模仿机会，但是如果贸易发展所带来的技术溢出效应没有在根本上增强自身自主技术创新能力，反而使本国过于依赖对国外发达国家的技术模仿，则对长期经济增长而言，出口贸易发展带来的这一收益或许只是短期繁荣，昙花一现。尽管大多数发展中国家在其经济发展初级阶段，通过专业化分工与国际贸易能够迅速获取经济开放所带来的好处，但是从长远来看，如果出口贸易使得发展中国家国内资源被大量地用于产出水平的短期上升，而非诸如研发投入与技术创新能力的的提高、人力资本积累等推动经济长期增长的方面，单纯发展初级品出口反而不利于发展中国家经济长期持续增长。因此，中国不能片面追求出口，而应在一个较为合适的水平上，改善出口结构，追求出口“质”的提升，从而真正形成出口发展——技术创新能力增强——经济长期持续增长的良性路径。

最后，需要一提的是 Helpman(2006)对“出口中学效应”进行了深入地思考和总结。他指出，对于多数发展中国家来说，出口对企业生产率所具有的“出口中学效应”是广泛存在的，多数情形下这种“出口中学效应”表现为发展中国家企业生产工艺流程与组织管理方式的学习与改进、先进生产设备的引进等成本降低型生产效率的提升，并不必然表现为发展中国家企业自主技术创新型生产效率的提高。因此需要通过政策引导外资企业提升其在华生产和再出口产品的技术附加值水平，优化出口贸易结构，而且政府与企业更应该加大对研发的投入，加大对人力资本与知识资本的投入，对于高新技术产品的出口要给予优惠的政策。采取各种措施来提升中国的技术创新水平，使中国不仅成为制造或生产中心，更是技术创新中心。具体来说，中国需要加快推进和完善国家创新体系的建设，以建设创新型国家为目的，建立以企业为创新主体、产学研密切结合的技术创新体系，并且在人才、市场、税收、金融、知识产权保护等方面营造鼓励和支持技术创新的良好环境和激励机制。我们也需要认识到，在开放经济体系中，一国的技术创新能力不仅取决于本土的技术研发，还受到贸易开放的技术溢出效应的影响，即对外界先进技术的引进、吸收和模仿。特别是像中国这样的发展中国家，难以单纯依靠自身的力量和资源促进本国的技术创新，对外部技术的引进、模仿及吸收已经成为推动国内技术创新的重要来源。但由于知识产品和创新具有自我积累和路径依赖的特性，过度的技术引进、吸收和模仿可能反而会削弱本国自主技术创新能力，因此，技术的引进、学习模仿必须着眼于促进本国自主技术创新能力的提高，而不仅仅是表面上的技术进步。实际上，一国自主技术创新能力越强，就越有利于对贸易开放技术溢出效应的吸收。因此，在制定贸易政策时，需要权衡自主技术创新和技术模仿、吸收的关系，将二者结合起来，既要通过贸易开放以较低成本引进、吸收外部先进技术从而避免重复研发导致的研发效率低下和资源的浪费，以及充分利用贸易的溢出效应，更要以此为契机培育自身独立研发能力与创新体系。只有走自主创新的道路，改进现有的生产技术、经营理念、管理模式等，才能在真正意义上改变中国制造的被动局面，提高高新技术产品的竞争力，在国际市场上占有一席之地，不断促进中国出口贸易结构的持续优化。

第5章 出口结构对中国技术创新的影响

5.1 引 言

改革开放以来，中国的对外贸易持续发展，出口作为国民经济的三驾马车之一起着不可替代的重要作用。2007年进出口总额达到2.17万亿美元，从世界第六位上升到第三位，其中出口贸易占1.218万亿美元，比2006年同期增长25.7%。我国的出口额从1978年的97.5亿美元增加至2011年的18986亿美元，增长了近160倍，出现了"中国贸易量增长之谜"。贸易总量增长的同时，贸易结构也不断优化。按照传统分类方法考察的中国出口贸易结构发生了显著变化，初级产品占总出口的比重不断下降，从1995年的14.44%下降到2011年的5%，工业制成品的份额则逐年上升。高资本技术密集型产品和高新技术产品的出口也越来越多，已经成为中国出口贸易结构不断优化的主要标志。跨国比较来看，中国出口技术结构已经远远超过了同等收入国家的水平(Rodrik,2006)。究竟是什么推动了贸易结构的升级？很多学者在研究总量增加的同时也开始研究贸易结构的升级变迁及影响因素，围绕出口贸易技术结构升级的讨论成为了国内外的重要研究课题。然而大多数是从国家宏观层面进行纵向分析或者横向比较分析，基于省际数据对出口贸易技术结构影响因素的研究相对较少。从经济现实角度来看，温家宝总理在2006年的关于"十一五"政府工作报告中强调，中国需要改变对外贸易的增长方式，提高出口和进口产品的复杂度，支持基于中国知识产权和商标的服务产品和高附加值产品出口，同时加快加工贸易的升级。中国的"十二五"规划将成为中国全面推动产业战略转型的规划，"十二五"规划纲要中提出了对对外贸易要求的一个重要方面就是优化对外贸易结构，使中国的对外贸易进一步实现由外延型向内涵型发展。

首先是关于出口贸易技术结构的测算。早在1979年，Finger和Kreinin就提出了出口相似度(ESI)指标，而后Scott(2006)运用这一指标，计算了中国对美国出口商品与OECD国家的相似度，发现中国出口产品与OECD国家的相似度比同中国具有相同人均GDP的国家高0.39。Michaely(1984)提出了分析出口产品复杂度的新指标，即用生产某种产品的国家的人均实际GDP按该国该种产品出口额占世界该产品出口总额的比例为权重进行加权表示。Hausmann等(2007)以出口产品的显示比较优势作为权重完善了指标测度，提出了“收入含量”指标，并分别得出了出口产品的技术水平及一国出口篮子的出口技术复杂度。Bin Xu(2010)指出了产品质量没有在复杂度测算中得到全面考虑，导致高估了产品的技术复杂度。为了测算产品质量的差别，建立了相对价格指数，引入了一个质量乘数来修正技术复杂度。国内学者对出口技术结构的指标研究也经过了不断发展。在指标方法上，关志雄(2002)构建了测算出口技术附加值的指标，前提是“附加值越高的产品，越是来自高收入国家。”附加值是出口产品国家人均GDP的加权平均数，权数为各个国家某类产品的出口值占世界总出口值的比重。虽然关志雄运用了分析贸易结构的新视角、新方法，但是其赋值方法理论基础薄弱，出口规模不同赋值容易产生误差。之后有一些学者对测算出口技术附加值的方法进行了改进。樊纲等(2006)对关志雄的方法进行完善，考虑到出口规模的影响，采用显示技术附加值原理(RTV)，前提改为“附加值越高的产品，越是高收入国家具有比较优势”。测出产品层面到产业层面再到国家层面的技术复杂度，并提出了四种基于贸易品技术分布的贸易结构分析方法，分别是：竞争互补指数、竞争压力指数、技术高度曲线和贸易品高低技术分类分析法。杜修立、王维国等(2007)提出了产品技术含量指标 TC_j，将计算产品的技术含量的假设重新确立为：一类产品越在高(低)收入国家生产，该产品越具有高(低)技术含量，将权数改为各国在该产品的世界总产出中的份额。文东伟(2011)基于“研发密集度高的行业，劳动生产率或技术含量较高”的假定，将一国的出口技术含量(ETC)表示为研发密集度或技术密集度的加权和。姚洋等(2008)将产品技术含量与投入—产出表结合，利用投入—产出表和中间品的进出口比例，扣除进口中间品对最终产品技术含量的贡献，从而得到产品国内技术含量。发现1997—2002年间全国及江苏省的出口品国内技术含量迅速下降，广东省的出口品国内技术含量呈现先下降、后上升的V型变化。虽然运用贸易技术结构指标来测算出口技术结构经过了逐步发展，但仍然存在一些问题。如根据贸易分布决定产品的技术分布，忽略了产品的贸易分布与生产分布之间的差异；而用产出份额作为权数时，在计算各类产品在世界总生产的份额时用整个国家的贸易依存度来代替各类产品的贸易依存度，这样会导致计算的结果偏离实际水平；用质量乘数修正的PRODY方法中，对于质量乘数中的 θ 没有量化的计算标准，实际可行性不强。

一方面，近几年来对出口贸易技术结构影响因素的研究越来越多。Dani Rodrik(2006) 对中国与美国、欧盟和日本出口产品技术结构的影响因素进行定量分析，指出中国出口结构日益先进是源于加工贸易或外商投资企业的产品，并证实了人力资本和政府赞助的高新区对提高出口技术结构有重要作用。Rodrik(2006)通过面板数据分析得出出口技术复杂度与人均收入显著正相关，但控制人均 GDP 后，与人力资本有比较弱的正相关性，与制度质量没有相关性。Hausmann 等(2007)说明了人力资本、国家规模对出口技术结构有显著正作用，但在控制人均 GDP 后，以法律规则指数来测量的制度质量对出口技术结构的影响并不显著。Wang 和 Wei(2007)根据中国不同城市的出口产品数据，发现人力资本促进了出口技术结构的提升，政府对高技术区的政策有利于出口技术结构的提高。Xu 和 Lu(2009)发现中国出口技术结构与 OECD 国家外资企业的加工出口份额和中国内资企业加工出口份额分别呈负相关和正相关。国内研究影响出口技术结构的文献则比较有限，但近两年的研究越来越多。祝树金等(2010)建立计量模型，采用跨国面板数据，发现自然资源丰富并不利于出口产品技术升级，但与制度质量之间存在互补性，两者的交叉项显著为正；FDI 和进口贸易促进了出口技术水平的提升，而对于不同收入水平的国家，这些因素的影响作用有差异。王永进等(2010)从理论上探讨了基础设施影响出口技术复杂度的微观机制，使用跨国数据进行实证研究，表明基础设施稳健地提高了各国的出口技术结构。

另外，人力资本、贸易开放与 FDI 也起到了积极的作用，自然资源禀赋的影响则恰好相反。郭晶(2010)对 1993—2007 年 46 个国家的相关数据，测出出口技术结构之后，进一步计量检验了 FDI 与高技术产品出口技术复杂度有长期正向协整关系，发达国家以 FDI 提升出口技术结构的能力高于发展中国家。齐俊妍等(2011)首先构建理论模型，论证金融发展影响出口技术复杂度的理论机制，然后分别从国家和产品层面重点实证检验了金融发展对提升出口技术复杂度的促进作用，结果表明产品金融发展可以通过解决逆向选择问题促进一国专业化生产高技术复杂度的产品，金融发展对提升一国出口技术结构具有稳健、显著的促进作用。陈晓华、刘慧(2011)基于 2002—2008 年的省际面板数据，从国家和地区两个层面进行实证检验，发现要素价格上涨在国家层面对出口技术结构有积极作用，而从动态视角来看，积极作用越来越小，甚至出现“倒退”效应。李磊等(2012)运用 2002—2008 年分省分行业 4 位 HS 分类数据，实证结果表明，地区专业化对中端出口技术复杂度比低端和高端影响大，地区专业化和出口技术结构之间成倒“U”型曲线关系。此外，研发强度、人力资本、基础设施、贸易开放度、外资进入程度以及金融发展均对出口技术结构有正向作用。祝树金、涂志敏

(2012)从行业层面研究了我国制造业出口技术结构的动态变迁及其影响因素，发现FDI、进口贸易、人力资本以及研发投入起到了促进作用，但研发投入存在滞后效应。然而一些实证研究选取的解释变量存在问题。比如将人均GDP作为解释变量，可能会导致循环回归；模型中加入的人力资本等要素也会对人均GDP有比较大的影响，会导致模型的高度共线性；有的学者也忽略了一些变量如FDI对出口贸易技术结构的影响。

另一方面，关于出口结构对技术创新的影响，不少研究认为出口结构有助于国内技术效率的提高。出口结构促进技术进步主要通过两种渠道：一是在出口过程中接触到更多市场和产品的信息，有利于出口厂商提高管理水平、改进产品生产。Rhee Y. ,B. Ross Larson，和G. Pursell (1984) 肯定出口结构在技术扩散中的重要作用，认为出口厂商可以通过学习效应和商业联系获得技术外溢，并降低其他厂商参与出口的成本。另一观点认为厂商可以在产品出口过程中得到国外产品购买者的技术支持，从而获得技术水平的提升(Grossman 和 Helpman，1991)。RE Evenson 和 LE Westphal (1995)指出产品购买者为出口厂商提供了大量产品信息，甚至共享国外的产品设计和技术支持，而这些外溢效应很可能促进出口厂商的技术进步。据此，学者提出"出口中学"(learning by export)的概念，认为厂商通过出口过程中的学习、吸收过程，接收国外研发的技术外溢。

众多学者对出口结构的技术外溢效应进行考察，但实证结果远比理论结论复杂。Feder (1982)通过构造一个2部门模型，将整个经济划分为出口部门和非出口部门，以此来研究出口结构影响经济增长的作用渠道。在对19个国家和地区以及31个国家和地区1964—1973年的两组样本进行的实证分析表明，出口结构通过要素生产率差别效应和外部经济效应两条渠道影响经济增长，使得国内资源从相对低效率的非出口部门向高效率的出口部门流动，使得资源配置更优，促进了经济增长。Sofronis Clerides、Saul Lach 和 James Tybout(1998)建立包含市场进入沉没成本的理论模型考察企业对出口的动态分离选择行为，并使用哥伦比亚、墨西哥和摩洛哥的数据研究了"出口中学"效应，实证结果发现出口结构并没有显著导致企业成本的下降，出口的学习效应并不存在。AB. Bernard 和 J. Bradford Jensen (1999)将美国企业按出口行为分为四组，并分别考察其生产率变化情况，实证结果发现出口组企业的生产率增长仅比非出口组企业高0.8%，出口结构对生产率的外溢效应并没有理论预期的那么明显；他们进一步的分析认为，由于生产率较低的非出口厂商较出口企业更容易被市场所淘汰，这很可能造成对"出口中学"效应的低估。另外，Levin，A. 和 L. K. Raut (1999)通过构建新古典经济增长模型分析了出口结构对经济增长的影响，考察了人力资本在其中所起的作用，以1965—1984年30个半工业化发展中国家和地区为样本发现，贸易政策与以教育开支代替的人力资本水平之间有高度互补性，从而为出口贸易通过增加规模报酬和与其他部门生产率差异促进经济增长提供了证据。Hallward Driemeier 和 Giuseppe Iarossi（2002）对五个东南亚国家进行实证考察发现，最终成为出口厂商的企业在生产率提高方面投入更多，其产品质量也比其他企业要更好。由于他们的分析没有直接地考察出口行为对企业的影响，其结果并不能有效地证实“出口中学”效应的存在，至多只能说明出口学习效应的间接影响（Wolfgang Keller，2004）。

国内对出口结构的外溢效应大多借鉴以上方法，杨全发（1998）利用 Feder（1982）的两部门模型，对我国 29 个省市 1985—1994 年数据进行了实证研究，发现部门间要素生产率差别和外部经济效应并不显著，从而认为我国各地区的出口扩大不是通过刺激技术进步来促进经济增长的。杨全发、舒元（1999）运用同样的模型方法对广东省 1978—1996 年的数据进行检验，得到了相似的结论。陈智远（2001）在 Feder 模型的基础上，对模型稍做修改加上了时间变量，采用 1969—1999 年上海的数据进行分析发现，进口对经济增长的作用不容忽视，而出口对就业影响明显。包群、许和连、赖明勇（2003）运用 Levin、Raut（1999）的模型和方法，对中国 29 个省市的 1990—2000 年的数据进行了实证分析，结果发现，出口部门确实对非出口部门有技术外溢效应，从而间接促进了经济增长。许和连、栾永玉（2005）将经济系统分为非出口部门、初级产品出口部门和工业制成品出口部门，构建了三部门的出口贸易技术外溢效应模型，并对中国“八五”及“九五”期间的各地区截面数据进行了实证分析，结果表明，在“八五”及“九五”期间，我国出口贸易对国内非出口部门的技术外溢效应主要集中在工业制成品出口部门，且工业制成品出口通过提高或有效利用本部门的要素投入和对非出口部门的技术外溢而促进经济增长。而出口部门（包括初级产品出口部门与工业制成品出口部门）与非出口部门之间的要素（劳动和资本）投入生产率差距存在收敛趋势。邹武鹰、许和连、赖明勇（2007）利用我国 1996—2003 年 17 个制造业对 16 个 OECD 国家的出口贸易面板数据以及 1997 年和 2002 年的投入产出表，实证检验了我国出口贸易企业的水平链接溢出效应和后向链接溢出效应，发现我国出口贸易企业通过向上游产业的非出口部门企业购买中间产品和服务产生了积极的后向链接溢出效应，而出口贸易企业的水平链接溢出效应并不明显。邹武鹰、亓朋、许和连（2008）通过构建研发活动的投入产出函数，运用我国 1986—2004 年期间的省际面板数据，实证检验了出口贸易对我国技术创新的影响效应，出口贸易通过技术溢出对地区的技术创新产生了积极的影响效应，推动了地区创新能力的提升，但出口贸易在东、中、西部地区的技术创新的影响效应存在地区性差异，呈现出东部最强、中部次之、西部较弱的格局。Wang 等

(2009)认为,就出口贸易而言,往往通过“出口中学”效应促进企业技术水平的提升,在国际需求多样化和苛刻化的市场驱动下出口企业往往具有相对非出口企业更高的技术进步动力。王华、赖明勇、柒江艺(2010)通过构建Probit随机效应模型控制个体非观测异质性可能带来的估计偏误,采用中国1548家企业的面板数据研究发现出口贸易显著促进了中国企业的技术创新。王华、许和连、杨晶晶(2011)基于“自我选择”效应和“出口中学”效应假说,利用中国企业面板数据,从超越对数生产函数出发,纳入出口状态变量,分别采用固定效应估计、系统广义矩估计和Olley-Pakes半参数估计法克服潜在的同步性偏差和选择偏差问题,在从微观角度充分控制企业异质性的背景下,深入考察出口行为与我国企业生产率之间的作用机理,研究发现出口企业的生产率相对非出口企业高出20%～30%左右,我国出口贸易存在显著的“出口中学”效应。

本章基于国际贸易理论建立分析框架和计量模型,特别阐述了出口技术结构的测度,并且对各个影响出口技术结构的因素进行了实证分析;借鉴Coe、Helpman(1995,1997)国际技术溢出模型的思路,同时引入R. Falvey、N. Foster和D. Greenaway(2004)(下文简称FFG)的出口研发溢出因子构建法,对中国通过出口贸易所接收的国际技术外溢效应进行实证检验,以考察中国出口结构是否通过“出口中学”效应显著的提高了国内的全要素生产率。

5.2 实证模型与数据选取

5.2.1 模型设定

由古典贸易理论可知,国际贸易是建立在国际分工的基础上,各国都应该集中生产优势较大的产品,而分工的基础就是资源禀赋,各国都按照有利的生产条件进行分工和交换,会使物质资本和人力资本都得到有效的利用,提高劳动生产率,也会促进出口技术结构的提高。新古典贸易理论的要素禀赋论也揭示了要素差异对于生产以及出口产品的差异性。技术差距理论指出技术优势会使国家具有出口优势,也能提升出口产品的技术复杂度。除此之外,从国家宏观角度的制度因素对其他因素的正常作用发挥起作用,因此对出口技术结构也有较大的影响。鉴于上述国际贸易理论和Cobb-Douglas生产函数的形式,本章首先从要素禀赋、技术因素、制度层面因素来分析出口技术结构,基本的计量模型如下:

$$\begin{aligned} \mathrm{Sophis}_{it} = {} & \beta_0 + \beta_1 \mathrm{LRCapl}_{it} + \beta_2 \mathrm{Rrd}_{it} + \beta_3 \mathrm{Hedu}_{it} + \beta_4 \mathrm{Lfdi}_{it} \\ & + \beta_5 \mathrm{Ropen}_{it} + \beta_6 \mathrm{Rinfra}_{it} + \beta_7 \mathrm{LRendow}_{it} + v_i + u_i + \varepsilon_{it} \end{aligned} \tag{5.1}$$

其中下表 i 代表省份，t 代表时期，v_i、u_t 分别表示截面与时间固定效应，控制所忽略的省份和时间层面因素的影响，ε_{it} 是随机误差项。(5.1)式中 L 表示取自然对数，R 表示变量为比值变量。

解释变量 LRcapl 表示资本劳动比的对数，物质资本采用永续盘存法计算，其公式为：$K_t=(1-\sigma)K_{t-1}+I_t$，其中为 K_t 为 t 时期的资本存量，I_t 为 t 时期之内发生的投资量，σ 为经济折旧率。本书采用单豪杰(2008)的数据，以 1952 年为基年，对中国各个省份 1952—2006 年的资本存量 K 的估算结果，补充了 2007—2008 年的数据。LRendow 是表示自然资源禀赋的指标，用人均陆地面积的对数表示。Hedu 为人力资本，用就业人口中大学生(包括大学专科)及以上学历所占比例表示。Rrd 表示研发投入，用研发支出占 GDP 比重表示。Lfdi 为外商直接投资净额的对数，将各个省份历年的以美元计量的 FDI 换算成人民币后用 CPI 进行了处理。Ropen 是表示贸易开放度的指标，用贸易依存度表示，为进出口贸易总值与 GDP 的比值。Rinfra 是基础设施投入情况，用人均公路里程衡量。

自然资源是进行生产所需要的最基础的投入，一方面，丰富的自然资源可以提高人们的收入水平，在一定程度上有利于出口技术结构的改善；但另一方面，由于资源的稀缺性和有限性，在自然资源丰裕的国家，物质资本和人力资本会大量流入资源密集型行业，从而不利于高技术复杂度行业的发展(王永进等，2010)。因此丰裕的自然资源对经济发展究竟是福音还是个诅咒，学术界还未达成共识。一些学者用实证方法证明了自然资源与技术进步和经济增长的负相关(Sachs 和 Warner，1997)，也有学者指出加拿大等国家的自然资源与经济发展正相关，没有明显的原因指明丰富的自然资源对经济发展的破坏作用(Papyrakis 和 Gelagh，2003)。在对我国省际经济发展研究中，有学者论证了我国省际层面存在自然资源诅咒，揭示人力资本投入能有效解决资源诅咒现象(胡援成、肖德勇，2010)。

人力资本和物质资本是生产函数中的两个重要变量，也是经济增长的关键投入。这两个要素的合理配置可以为其他要素如知识资本的发挥创造良好的条件。人力资本和研发投入都是进行自主创新和知识创造的因素，可以直接促进知识资本积累，提高生产率，进而也可以提高出口技术复杂度。从技术溢出角度来看，人力资本和研发投入水平都决定了一个国家的技术吸收能力，尤其是对于发展中国家而言，通过技术外溢而获得技术创新，进而能够提高出口产品的技术复杂度。江小涓(2002，2004)提出，生产要素特别是资本和技术这类“易流动”的要素在各国之间流动和重组，能够较快改变各国原有的要素结构和贸易结构。通过吸收外资和国外技术等渠道，中国在保持劳动力丰富的同时，迅速增加资本和技术存量,不断增加出口商品的资本和技术含量。一些实证研究也表明人力资本与出口技术复杂度有正向关系(王永进等,2010;祝树金等,2010)。

FDI是技术外溢的一个重要渠道。FDI不同于一般意义上的间接投资,不仅仅是资金在国家或地区间的流动,而且包括资金、技术、经营管理技能等各种要素的流动,可以提升东道国的整体经济结构。FDI对出口技术结构的影响可分为直接和间接两个方面。直接影响是外商直接投资企业通过自身优势产品出口,能够增加出口中资本密集型和技术密集型产品的比例,有利于吸收FDI的国家提升出口贸易技术结构。间接影响是通过技术溢出(如人力资本流动),促进产业升级(竞争效应和产业关联效应),提高出口技术结构,优化出口贸易结构。

贸易开放度和基础设施是也是影响出口技术结构的因素。经济开放程度反映了产品和生产要素在国家和地区间的自由流动,如果国际贸易中存在各种贸易壁垒,如关税、进口配额等限制进口的措施,这些措施会影响企业在对外贸易中学习先进技术,进而对出口技术结构的提升造成影响。国际贸易具有比较大的不确定性,需要企业根据经济情况的变动调整生产,而便捷的基础设施能减少库存量,较快调整生产,有助于降低企业的调整成本(盛丹等,2011)。高复杂度产品具有复杂多变的属性,更容易受到外部不确定性的影响,因此,基础设施的完善可以保证企业有效调整生产,促进出口技术结构的提高。王永进等(2010)从理论上阐述了基础设施影响出口技术复杂度的微观机制,并且通过实证分析证明了良好的基础设施稳健提高了出口技术复杂度。

为考察进口贸易渠道的技术外溢效果与国内人均产出之间的关系,假定产出(Y)取决于劳动力(L)、物质资本(K)以及全要素生产率(A),且满足CD生产函数形式:

$$Y = AK^{\alpha}L^{\beta} \tag{5.2}$$

在开放经济系统中,全要素生产率A不仅依赖于国内研发投入(S^d),而且还取决于通过出口贸易外溢到国内的国外研发投入(S^f),假设$A=(S^d)^{\delta}(S^f)^{\theta}$,出口结构的"出口中学"效应模型设定为:

$$\ln A_i = a_1 + a_2 \ln S_i{}^d + a_3 \ln S_i{}^f \tag{5.3}$$

一般认为一个经济系统对外贸易量在整个经济活动中的份额越高,本国获得的附着于出口贸易的研发溢出相应地将越多,因此贸易伙伴的研发活动将更有效地促进本国全要素生产率的提高。

为使用各省数据进行测度,需要计算出各省通过出口贸易所接收到的国外研发投入量。参照FFG的指标构建方法,以出口比例为权重构造出口研发外溢因子,则通过出口贸易外溢到国内的研发投入(S^f)表示为:

$$S^f = \sum_{j \neq i} \frac{X_{ij}}{X_i} \cdot S_j^d \tag{5.4}$$

再以各省出口占全国出口的比重得到外溢到各省的国外研发投入量($S_i{}^f$)：

$$S^f = \frac{X_i}{\sum X_i} \sum_{j \neq i} \frac{X_{ij}}{X_i} \cdot S_j^d \tag{5.5}$$

其中，X_i 代表 i 省的出口总额，$\sum X_i$ 表示同期全国出口总额，S_j^d 表示出口国 j 国国内的研发投入量。

此外，研发溢出效应还取决于国内的技术吸收能力，为了比较我国技术吸收能力对技术溢出效果的影响，本章进一步考察以人力资本度量的技术吸收能力的技术溢出效应，加入人力资本交互项，得到以下计量模型：

$$\ln A_i = b_1 + b_2 \ln S_i{}^d + b_3 \ln S_i{}^f + b_4 H + b_5 H \cdot \ln S_i{}^f \tag{5.6}$$

5.2.2　出口技术结构的测度

本书在樊纲等(2006)提供的基于显示技术附加值的测算方法的基础上将测算一国的相对出口技术结构的指标用于测算中国某个省份的出口技术结构，并且在其方法上做出了改进。由于樊纲的测算方法忽略了生产分布和贸易分布之间的差异，容易高估进口高技术含量的中间产品，只是进行产业链低端加工贸易产品的技术复杂度，因此本书在计算出口技术结构时剔除了每一类产品的加工贸易。根据 HS 分类标准，出口产品被分为二十二大类，除去年鉴中没有公布的武器类，剩下的二十一大类中，第二十类杂项制品和第二十二类特殊交易品及未分类商品的所属产业并不明晰，无法反映行业的出口技术复杂度，故将其剔除。最终纳入到出口技术结构测算的产业共有十九大类。出口技术结构的测算公式如下：

$$RCA_{ij} = \frac{X_{ij} \Big/ \sum_{i=1}^{n} X_{ij}}{\sum_{j=1}^{m} X_{ij} \Big/ \sum_{j=1}^{m} \sum_{i=1}^{n} X_{ij}} \tag{5.7}$$

$$w_{ij} RCA_{ij} \Big/ \sum_{i=1}^{n} RCA_{ij} \tag{5.8}$$

$$\text{Sophis}_j = \sum_{i=1}^{n} w_{ij} \ln(Yi) \tag{5.9}$$

$$\text{Sophis}_i = \sum_{j=1}^{m} \text{Sophis}_j . \ \frac{Xij}{\sum_{j=1}^{m} Xij} \tag{5.10}$$

首先根据公式(5.7)计算出 i 省在 j 产品上的显示比较优势指数,即 RCA_{ij},其中 n 为省份个数,m 为产品数。W_{ij} 为计算 $Sophis_j$ 即产品 j 的显示技术附加值的权数;Y_i 为 i 省的人均 GDP,以 2002 年为基年用 GDP 指数进行平减后得到。在由公式(5.9)计算出某类产品的技术附加值后,通过公式(5.10)计算出某一省的整体出口技术复杂度。

样本期间各个省份的出口技术复杂度总体呈上升趋势,但是 2003 年由于非典灾害的影响,出口受到重创,大部分省份的出口技术结构有所下降。2008 年普遍出现了下滑,这很可能是受到全球性的金融危机的影响,全球经济整体出现下滑,一些国家采取了保守的贸易政策,出口受到很大影响,尤其是设置了许多技术出口限制,贸易保护主义加重,出口技术结构的提升因此也受到抑制。在所选取的样本中,江苏、福建、浙江的出口技术复杂度排在样本省份的前列,其出口技术结构趋势见图 5.1。人均 GDP 取对数后的出口技术结构在 8.95 至 9.84 之间波动,最大值与最小值的差不到 1 个单位,说明出口技术结构的变动幅度不是很大。

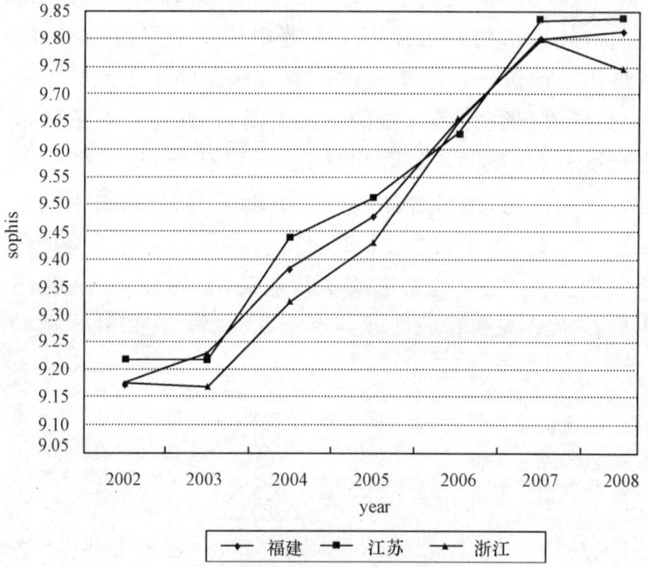

图 5.1　2002—2008 年排前三位省份的出口技术结构变化情况

5.3　我国出口结构与技术创新的实证结论与分析

5.3.1　出口技术结构的影响因素分析

(1)静态面板方法结果及分析

由于面板数据的误差项包括 v_i、u_t 和 ε_{it}，考虑选用固定效应模型还是随机效应模型时，必须进行 Hausman 检验，分别对固定效应和随机效应模型进行检验，Hausman 检验的结果表明了应当使用固定效应模型，结果如表 5.1 所示。表 5.1 的 2.1、2.2 和 2.3 列是 OLS 的估计结果，作为模型估计的参照组。从固定效应模型的估计结果中可知，资本劳动比、贸易依存度和基础设施通过了 1% 的显著性水平，并且有正的回归系数，这也与前述的因素分析相符合。研发投入和 FDI 比较显著，也对出口技术结构有正向作用。自然资源禀赋对出口技术复杂度的影响显著为负，说明“自然资源诅咒”的现象也存在于出口技术复杂度中，自然资源丰裕对收入的增加作用要小于其对其他行业的“挤出效应”而导致的出口技术复杂度降低。2.4 中人力资本不显著，2.1 中的回归系数甚至为负，这与理论分析和前人的研究不相符合。已有学者(李海峥，2010)指出了由于研究方法上的数据、技术处理等方面的限制，国内几乎还没有学者对人力资本进行过全面系统地度量，目前国内还没有形成被国际社会认可的人力资本估算，这可能是人力资本测度指标不显著的一个重要原因。考虑到人力资本也有可能通过其他机制对出口技术结构产生影响，如通过研发投入。一般来说，人力资本存量的增加(如高技术人才的增加)可以促使科技创新，国家或地区会增加研发投入。将模型中的人力资本变量换成人力资本与研发投入的交叉项，其他变量不变，回归结果见表 5.1 中的 2.5 列。结果表明，其他变量显著性水平基本保持不变，人力资本与研发投入的交叉项在 5% 显著性水平下为正，说明人力资本与研发投入是互补的，人力资本在某种程度上通过研发投入对出口技术结构产生正的作用。为了探究减小自然资源禀赋对出口技术结构负作用的机制，引入了自然资源禀赋与基础设施的交互项，发现自然资源可以通过基础设施对出口技术结构产生正的影响。由此可见，丰裕的自然资源本身并不是抑制性因素，在基础设施的完善可以使自然资源得到更好的开发利用，基础设施能增加资源丰富地区的可进入性，减少开发中的不确定性，使自然资源的收入效应大于“诅咒效应”，有利于出口技术结构的提高。我国东部地区面临着土地资源的严重限制，而中西部地区，尤其是西部地区虽然有广阔的地域面积，但由于基础设施建设还不够完善，导致自然资源的开发受到一定的限制。因此,加强基础设施建设有助于自然资源禀赋对出口技术结构发挥积极作用。

表 5.1　OLS 和 FE 效应模型回归结果

variables	OLS			FE		
	2.1	2.2	2.3	2.4	2.5	2.6
cons	8.7632*** (0.1689)	8.8598*** (0.1657)	8.8378*** (0.2092)	6.5365*** (1.0718)	6.1293*** (1.0812)	5.7131*** (1.0736)
lrcapl	0.0806*** (0.0194)	0.0597*** (0.0175)	0.0829*** (0.0224)	0.5883*** (0.0455)	0.5970*** (0.0448)	0.6555*** (0.0421)
rrd	3.8833* (2.2460)	3.1426 (3.6155)	4.8581* (2.6116)	11.4539** (4.7946)	9.0414* (4.8565)	10.7081*** (5.0017)
hedu	−1.1515** (0.4685)		−1.4533*** (0.5465)	0.4279 (0.4662)		0.2779 (0.4782)
hedu * rrd		−10.1098 (11.6834)			31.5456** (15.2976)	
lfdi	0.0324*** (0.0116)	0.0417*** (0.0112)	0.0371*** (0.0134)	0.0354* (0.0212)	0.0304** (0.0210)	0.0364* (0.0219)
ropen	−0.0718 (0.0514)	−0.1201** (0.0477)	−0.0888 (0.0594)	0.2786*** (0.0965)	0.2122** (0.0996)	0.3065*** (0.0991)
rinfra	0.0142*** (0.0013)	0.0142*** (0.0013)		0.0045*** (0.0011)	0.0045*** (0.0011)	
lrendow * rinfra			0.0016*** (0.0003)			0.0004** (0.0002)
lrendow	−0.1382*** (0.0207)	−0.1373*** (0.0210)		−0.8492*** (0.2432)	−0.7472*** (0.2460)	−0.7823*** (0.2505)
样本数	203	203		203	203	203
省份数	29	29		29	29	29
Hausman 检验				455.21 0.0000	464.82 0.0000	1456.21 0.0000

注:括号内的数值为标准误，***、**、*分别表示1%、5%和10%的显著性水平。

(2)动态面板数据模型方法结果及分析

Roberts 和 Tybout(1997)的研究表明了企业出口行为存在一定的滞后性,因为企业进入出口市场时存在市场进入成本。而且由于对出口市场有难以撤销的投资成本,一旦选择进入市场,出口行为将会持续存在。所以在回归方程中引入了被解释变量的一阶滞后项。而出口技术复杂度的一阶滞后项可能与残差相关,导致模型中的内生性问题。另一方面,由于计量模型(5.1)中可能存在逆向因果关系而加重模型中的内生性问题,如人力资本水平、研发投入的增加会提高出口技术结构，而出口技术结构的提高也可能导致为了维持较高的出口技术复杂度而增加人力资本的积累和加大研发投入。

为了克服模型存在的内生性问题，作者采取动态面板数据 GMM 分析方法。动态面板 GMM 可以通过差分控制未观察的时间和个体效应，使用被解释变量和一些前定解释变量的滞后项作为工具变量克服内生性。因此本章采用 GMM 方法进行动态面板分析，各个模型中采用的方法均为两步估计量，结果见表 5.2。模型 3.1 和 3.2 为作为对照的 OLS 估计。采用 Arellano-Bond 广义矩估计量要求判定模型设定的有效性，模型残差的一阶差分项负相关，不存在二阶自相关，因此 2 个模型均可以使用动态面板 GMM。

表 5.2　动态面板模型回归结果

variables	OLS		GMM	
	3.1	3.2	3.3	3.4
cons	8.7632***	8.7976***	3.0544***	2.9646
	(0.1689)	(0.1708)	(0.3623)	(0.3947)
sophis_1			0.4919***	0.4877***
			(0.0410)	(0.0430)
lrcapl	0.0806***	0.0693***	0.2033***	0.2076***
	(0.0194)	(0.0185)	(0.0529)	(0.0563)
rrd	3.8833*	2.7076	9.7172***	9.7144***
	(2.2460)	(2.2606)	(3.1589)	(3.2291)
hedu	−1.1515**		0.4472**	
	(0.4685)		(0.2042)	
hedu * lfdi		−0.1329		0.1102**
		(0.0821)		(0.0434)
lfdi	0.0324***	0.0460***	0.0347***	0.0273**
	(0.0116)	(0.0105)	(0.0131)	(0.0131)
ropen	−0.0718	−0.0910*	0.7407***	0.7247***
	(0.0514)	(0.0521)	(0.0859)	(0.0912)
rinfra	0.0142***	0.0143***	0.0040***	0.0039***
	(0.0013)	(0.0013)	(0.0005)	(0.0005)
lrendow	−0.1382***	−0.1417***	−0.2192***	−0.1871***
	(0.0207)	(0.0211)	(0.0713)	(0.0552)
样本数	203	203	145	145
省份数	29	29	29	29
Wald 检验			4569.9	5456.09
			(0.0000)	(0.0000)
AB test for AR(1)			−1.9938	−2.0672
			(0.0462)	(0.0378)
AB test for AR(2)			−0.9150	−0.8635
			(0.3602)	(0.3878)

注：括号内的数值为标准误，***、**、* 分别表示 1%、5%和 10%的显著性水平。AR 检验表示残差项的自相关性检验，第一行为 z 统计量，小括号内是检验的 P 值。

出口技术结构的滞后项均非常显著，说明出口技术结构在某种程度上有惯性，前一期对本期有推动作用。通过与 OLS 的比较发现，物质资本比、FDI、基础设施和自然资源禀赋对出口技术复杂度的影响在各个模型中都很显著，影响比较稳定。研发投入、人力资本、贸易开放度、基础设施、资本劳动比的估计系数均在 1%的显著水平下为正，对出口技术结构的提高有积极作用。自然资源禀赋在所有模型中都显著为负，不利于出口技术结构的提高。

研发投入和人力资本是技术进步和创新的重要来源，而技术是提高劳动生产率的关键因素，劳动生产率的提高继而带动了出口技术结构的增加。Kathuria(2000)的研究也表明了跨国公司的溢出效应是通过国内企业的"学习活动"进行的，科研投资越多，就能吸收越多的新技术，缩小与跨国公司的差距。Borenstein 等(1998) 的研究结果表明了东道国人力资本存量是影响外资企业技术外溢效应的关键因素，只有东道国人力资本足够丰裕时，才能充分吸收 FDI 的技术外溢。近几年来，我国不断贯彻实施科教兴国和人才强国战略，在"十一五"和"十二五"规划中都强调了这两个战略的重要地位。中国的 R&D 经费支出以年均 20%左右的速度增长，已跻身 R&D 经费投入大国之列。国家对教育和人才的重视度越来越高，实行了一系列科教兴国的重要战略，如免费师范生的教育政策。这些政策措施也正体现在技术进步和出口技术结构不断提高上。

以往有一些学者从不同角度对我国出口技术结构影响因素进行实证研究，但有的研究忽略了我国出口技术结构的提高是在我国各地进行大规模基础设施建设背景下发生的。出口技术结构的增加趋势与基础设施建设情况一致。我国对交通基础设施的投资，特别是公路建设投资不断增加，各种基础设施的不断完善，有效地减少了出口贸易中的运输成本和库存成本，尤其为高复杂度产品的出口创造了便利条件，因此基础设施也是促进中国出口技术结构提高的一个重要因素。

资本劳动比在所有模型中都有显著正的作用，说明物质资本有助于其他要素，尤其是技术要素发挥作用，提高出口品技术含量。

在所有模型中，自然资源禀赋的系数均显著为负，说明自然资源"诅咒"现象仍存在于我国经济发展中，密集使用自然资源的行业挤占了其他行业的人力、物力等资源，不利于技术密集型行业的发展，阻碍了出口技术复杂度的提高。

为了进一步论证 FDI 的技术外溢机制对出口技术复杂度的影响，采用 FDI 与人力资本的交叉项进行分析，结果为表 5.2 中的模型 3.2 所示。在其他解释变量的显著性水平基本不变的情况下，FDI 与人力资本的交叉项在 5%的水平上都显著为正，人力资本有助于 FDI 的技术外溢，增加 FDI 对出口技术结构的边际贡献。人力资本和 FDI 存在良性循环关系，一方面已有学者(倪海青等，

2006)证明人力资本的积累对于中国吸收 FDI 有重要作用。另一方面外商直接投资的溢出效应对人力资本的形成也有正的影响(马衍军,2005)。人力资本和 FDI 两者是互为补充,相互促进的关系。所以 FDI 与人力资本交互着一起对出口技术结构有积极作用。

5.3.2 出口结构影响技术创新的检验结果

(1)基于全国样本的检验结果与分析

本书利用中国省际面板数据检验出口结构是否存在“出口中学”效应,即检验国外研发通过出口贸易对出口国的研发溢出效应。首先利用逐步回归进行计检验,结果归纳为表 5.3。

表 5.3　出口 R&D 技术外溢效应检验(全国样本)

LnA_i	1.1	1.2	1.3
Intercept	−1.01388 (−17.62)	−2.75235 (−26.70)	−3.57911 (−11.28)
LnS_i^d	0.04542 (2.26)	−0.03158 (−2.42)	−0.03040 (−2.37)
LnS_i^f	0.16731 (9.03)	0.15118 (13.27)	0.33178 (4.98)
H		0.26056 (17.95)	0.36844 (8.83)
$H*LnS_i^f$			−0.02331 (−2.75)
Adj. R^2	0.5495	0.8309	0.8364
F	119.93	320.29	250.32

回归结果表明国外研发(LnS_i^f)的系数显著为正(1.1,1.2,1.3),国外研发通过出口发挥了比较显著的研发溢出效应,即使增加了人力资本和交互项(1.3),这一结果仍十分稳健。可以认为,在国内企业通过出口开拓海外市场的过程中,国内激烈的竞争环境以及良好的跨国研发网络都为国内企业技术水平的提高起到了促进作用,而其中通过出口传导渠道的研发溢出效应不容忽视。与此形成对比的是国内研发(LnS_i^d)对技术进步的作用,在(1.1)中系数估计显著为正,而在加入人力资本和交互项(1.3)后,却显著为负。这样的结果暗示,国内研发在技术进步中的作用需要进行重新思考。在(1.1)中,由于没有加入人力资本,人力资本对技术进步的积极影响可能都归结为国内研发的作用。而(1.2,1.3)中与预期结果不相符的是,国内研发对技术进步的作用为负。可能的原因

是，国内研发对技术进步的影响也是需要通过一定的渠道，而仅仅考察国内研发这一变量难以发现其对技术进步的真正作用，甚至掩盖他的贡献。

具体考察(1.3)可以发现，技术进步更多地为国外研发的技术外溢效应和人力资本所解释，二者系数都显著为正；而国内研发以及国外研发与人力资本交互项对技术进步的贡献率均显著为负。这意味着，技术进步主要来源于两个渠道——国内人力资本的积累和跨国研发的技术外溢。尤其要注意的是，交互项($H*LnS_i^f$)的系数为负，说明通过“出口中学”并没有与国内的人力资本结合起来对技术进步起到应有的促进作用。主要原因是：一方面通过出口接收跨国研发网络的外溢可能更多的要在市场中学习，而在国际市场上国内的人力资本可能难以发挥作用；另一方面则可能是国内的人力资本还有待积累和开发，或者说出口企业自身的人力资本还有待挖掘。因此，在重视国内人力资本存量积累的同时，更为重要的是注重人力资本的结构与层次。有必要保持与国外相关市场的长期联系，积极尝试与跨国研发网络合作培养人才，为“出口中学”效应的充分发挥创造良好的条件。

(2)分区域样本的检验结果与分析

进一步，考察在不同区域间“出口中学”效应的特征。分区域检验结果如表5.4所示。

表5.4　出口R&D技术外溢效应检验(区域样本)

LnF_r	2.1(东)	2.2(中)	2.3(西)	2.4(东)	2.5(中)	2.6(西)	2.7(东)	2.8(中)	2.9(西)
Intercept	−0.6137 (−5.07)	0.9779 (3.87)	−0.9704 (−6.37)	−2.5091 (−11.56)	−2.1109 (−4.37)	−2.5993 (−12.37)	−6.3242 (−5.68)	0.8169 (0.34)	−5.1297 (−4.48)
LnS_i^d	0.1297 (4.53)	0.2029 (5.55)	−0.0200 (−0.56)	−0.0198 (−0.78)	0.0684 (2.04)	−0.0341 (−1.54)	−0.0526 (−2.06)	0.0726 (2.17)	−0.0317 (−1.49)
LnS_i^f	0.0498 (1.52)	−0.5186 (−5.98)	0.1585 (2.46)	0.1579 (6.24)	−0.1826 (−2.26)	0.1620 (2.52)	0.8142 (4.29)	−1.0078 (−1.51)	0.9194 (2.51)
H				0.2220 (9.46)	0.2921 (6.96)	0.2592 (8.67)	0.6981 (5.04)	−0.0792 (−0.26)	0.6202 (3.79)
$H*LnS_i^f$							−0.0791 (−3.48)	0.1044 (1.25)	−0.1161 (−2.24)
Adj. R^2	0.5105	0.3865	0.1185	0.7660	0.6572	0.6627	0.7946	0.6604	0.6904
F-test	44.27	20.53	4.23	91.57	40.62	32.43	81.27	31.14	27.76

分区域来看，东部的计量结果(2.1、2.4、2.7)与全国样本的结果基本类似，可以认为，国外研发在东部的出口研发溢出效应显著为正。在加入人力资本(2.4)后，国内研发的系数发生了变化，且在2.7式的估计中交互项系数显著为负，这些结果都与全国样本一致，原因不再赘述。值得注意的是，中部的结果则大不相同。在三个估计方程(2.2、2.5、2.8)中，国内研发对全要素生产率都保持

显著正向影响，这说明中部地区的研发对技术进步存在显著的积极影响，而在考察接收跨国研发网络的“出口中学”效应时则表现为负效应(2.8 中不显著)，人力资本虽然对技术进步有显著的正效应(2.5)，但从 2.8 式来看，很可能是与通过出口结构渗透到国内的国外研发一起发挥作用(其中人力资本与出口 R&D 技术外溢的系数都不显著)。而西部的国内研发，在三个估计的方程(2.3、2.6、2.9)中始终保持对全要素生产率的负向效应(但统计不显著)。一种合理的解释是西部的技术进步较少依靠本地研发，或者说西部的本地研发实在是太少以至于根本无法对技术进步产生显著的促进效果。

以上所反映出来的正是区域间发展不平衡的结果。国际研发通过出口对东、中、西部研发溢出效应存在明显的差异，其中东部和西部都不同程度地通过出口显著接收了来自国际研发的技术外溢，中部的这一系数则一直为负，这说明中部地区并没有从出口结构中获得明显的研发溢出，而可能存在出口结构之外的其他渠道(比如 FDI 或者人力资本)。可以从 2.5 中看到，人力资本对技术进步存在显著正效应，同时在(2.8)中，交互项系数为正，尽管不显著，但这也从侧面体现了出口结构的研发溢出在中部是另有其他渠道的，人力资本的作用值得关注。

而且注意到，第二组回归(2.4、2.5、2.6)中人力资本对技术进步的促进作用在中部最为明显。这可能反映出区域间不同的人力资本结构对于不同的技术水平的作用。东部经过多年的发展，人力资本的作用已经发挥较多，技术进步正在更多地依靠其它力量来推动。而中部和西部技术水平相对较低，目前国内的人力资本结构则正好可以发挥相对较大的作用。类似的差异也存在于东西部的研发溢出效应之间。对比东部和西部可以看到，西部较东部更容易接收到国外研发溢出。出口贸易的发展在东西部虽然都有很长的时间，但两个地方无论在出口产品的数量还是质量上都不可同日而语。如果考虑出口产品的结构，很可能的解释是东部出口的产品和市场都处在一个更高的技术平台上，要继续吸收跨国研发存在瓶颈，边际的研发溢出效应有可能在递减；而西部相对而言数量和水平尚处于较低的层次上，与国外的技术水平存在更大的差距，因而研发溢出效应体现得更加明显。以上的分析对于出口及人力资本的相关政策安排无疑是一个提醒。

5.4 小　结

到目前为止，已有一些国内外学者对中国的出口技术结构进行研究。通过实证研究表明中国的出口技术结构大幅度提高,已经步入发达国家行列。本章在剔除了每类产品的加工贸易之后发现中国各个省份的出口技术结构仅有小幅度上升趋势,这说明以往一些学者的测算忽略了低技术含量的加工贸易对出口技术结构的影响,高估了中国的出口技术结构。

本章基于古典、新古典等国际贸易理论,建立了计量模型,采用2002—2008年中国29个省份的面板数据,采用静态面板方法与动态面板方法相结合对出口技术复杂度影响因素进行了分析。研究结果发现:第一、在要素禀赋中,资本劳动比对出口技术结构有显著正的影响,与前文因素分析中的假设相一致。第二、在技术因素方面,研发投入和人力资本对出口技术复杂度的提升有促进作用,这是因为这两个因素对知识创造和技术进步有直接作用,可以在较大程度上促进出口产品技术含量的提高。第三、基础设施和贸易开放度在所有模型中都非常显著,对出口技术复杂度的提高有积极作用。第四、FDI对出口技术结构的提升有比较显著的正向作用,并且FDI与人力资本交叉项均显著为正,人力资本的增加有助于FDI的技术外溢。

基于以上结论,作者认为出口技术结构的升级影响因素中,技术和制度层面的因素发挥至关重要的作用。下面提出一些具体的政策建议以促进我国出口技术地优化和升级。

从企业角度来看,加大研发投入,引进人才,积极进行技术创新至关重要。引进国外的先进技术固然算是一种捷径,但先进技术的知识产权不在企业自己手中,受制于人,并不利于出口技术结构的长远改善。因此,一方面,企业应成为研发投入和自主创新的主体,要在吸收、消化国外先进技术的基础上进行自主创新,开发具有自主知识产权的品牌。另一方面,企业要善于发现、引进高科技人才,加大对员工智力和能力投资,充分发挥他们在自主创新中的作用,这样可以使得生产效率和企业整体收益上升,产品质量和出口结构得到优化。

从政府角度来看,主要是要建立促进出口技术结构提高的良好制度环境。第一是要大力推行研发投入税收优惠政策,激励企业开展技术创新,加大对知识产权的保护力度和高新技术产业的支持,支持和培育企业的自主创新品牌。如对高技术含量产品的出口采取退税政策,对新兴行业专利申请免收费用,对授权专利给予奖励等。第二,要继续加大教育投入,推进科教兴国、科技兴贸战略,通过人力资本积累来实现科技进步,优化出口技术结构。第三,加大贸易开放度,减少贸易壁垒,充分利用进口贸易和FDI的技术外溢作用。随着区域经济一体化加速发展,以自由贸易协定为主的区域贸易安排不断涌现,我国应加快实施自由贸易区战略,建立更多的双边或多边自由贸易区,开拓多元稳定的海外资源供应,通过自由贸易实现对国外先进技术的学习和吸收消化。另外,FDI的投资主体带来的先进技术、管理经验和营销技巧，被本土企业消化吸收，可以形成持久的示范效应，提高本土企业的技术水平，提升产业结构，促进出口产品技术结构的优化。第四，积极进行基础设施建设。“十二五”规划提出要以转变经济发展方式为主线，推动产业结构升级，而便利的基础设施可以减少贸易风险，提高企业生产率，对优化出口结构和长期经济增长具有重要的战略意义。

第6章　外商直接投资对中国技术创新的影响

6.1 引　言

在经济全球化的背景下实现技术创新，应当整合国内国外两种资源，特别是在FDI大量涌入我国的情况下，充分发挥FDI的积极作用，利用FDI引进适用技术，在消化吸收的基础上进行再创新应是我国大多数企业寻求技术进步、提升技术创新能力的一种理性的现实选择。国际间知识和技术的扩散对技术进步重要性已得到了广泛认同。技术扩散可以通过FDI、国际贸易及国际合作和技术转移等进行，而通过这些渠道引进、模仿、吸收先进技术来提高本国的研发能力，是广大发展中国家对外开放的重要目标之一。其中，外商直接投资(FDI)被认为是先进技术转移和扩散的重要渠道。随着经济的全球化，跨国公司为了在全球范围内进行资源配置，扩大市场，会进行跨国投资建厂，实现高额利润。而发展中国家可以通过外商直接投资获得需要高研发费用的先进技术，有利于东道国经济的发展。中国作为世界上最大的发展中国家，改革开放以来，开始实施"以市场换技术"的外资战略，FDI成为使我国经济快速发展、技术进步的重要手段之一。三十多年来，我国经济运行的越来越开放，外商直接投资有了飞快发展，2012年中国外商直接投资达到1117.2亿美元，1983年仅为9.2亿美元，平均年增长率为43.01%。由于FDI对东道国的技术进步最终要反映到微观主体方面，因此也有必要先了解近几年中国行业层面的FDI发展情况。表6.1是中国2005—2010年各个行业外商实际直接投资情况。从表中可以看出，制造业和房地产业吸收的FDI最多，而教育、卫生、社会保障和文化娱乐以及公共管理、社会组织流入的FDI很少。虽然在个别年份FDI有所下降，但各行业的整体FDI呈上升趋势。

表 6.1　2005—2010 年中国各行业外商实际直接投资

（单位：亿美元）　年份 行业	2005	2006	2007	2008	2009	2010	2011
农、林、牧、渔业	7.18	6.00	9.24	11.91	14.29	19.12	20.09
采矿业	3.55	4.60	4.89	5.73	5.01	6.84	6.13
制造业	424.53	400.80	408.65	498.95	467.71	495.91	521.00
电力、燃气及水的生产和供应业	13.94	12.80	10.73	16.96	21.12	21.25	21.18
建筑业	4.90	6.90	4.34	10.93	6.92	14.61	9.17
交通运输、仓储和邮政业	18.12	19.80	20.07	28.51	25.27	22.44	31.91
信息传输、计算机服务和软件业	10.15	10.70	14.85	27.75	22.47	24.87	26.99
批发和零售业	10.39	17.90	26.77	44.33	53.90	65.96	84.25
住宿和餐饮业	5.60	8.30	10.42	9.39	8.44	9.35	8.43
金融业	2.20	6.74	2.57	5.73	4.56	11.23	19.10
房地产业	54.18	82.30	170.89	185.90	167.96	239.86	268.82
租赁和商务服务业	37.45	42.20	40.19	50.59	60.78	71.30	83.82
科学研究、技术服务和地质勘查业	3.40	5.00	9.17	15.06	16.74	19.67	24.58
水利、环境和公共设施管理业	1.39	2.00	2.73	3.40	5.56	9.09	8.64
居民服务和其他服务业	2.60	5.00	7.23	5.70	15.86	20.53	18.84
教育	0.18	0.30	0.32	0.36	0.13	0.08	0.04
卫生、社会保障和社会福利业	0.39	0.20	0.12	0.19	0.43	0.90	0.78
文化、体育和娱乐业	3.05	2.40	4.51	2.58	3.18	4.36	6.35
公共管理和社会组织	0.04	0.07	0.0044	0	0.0001	0	0.01

大多数的国家吸引 FDI 的一个重要原因就是为了获得先进的技术，这种技术的获得主要是通过两种方式发生，即横向溢出和纵向溢出。横向溢出型发生在产业内部，常常通过对方的示范效应、竞争效应和外企人员回流来实现；纵向溢出型主要指外商投资企业与当地企业之间通过供应链的关系而产生的外部效应，一般发生在产业间，通过在外国的机构以及在东道国的供应商（后向溢出）和客户（前向溢出）的相互联系得以实现。

随着外资渗透到国民经济的方方面面，越来越多的学者开始反思 FDI 战略。国内外的学者们陷入情绪激烈的唇枪笔战之中，他们开始考虑“以市场换技术”战略的效果，FDI 是不是促进了国内企业的技术创新能力。

6.2 分析框架与实证模型设定

6.2.1 FDI影响技术创新的分析框架

一般而言，国内的消化吸收能力对FDI技术外溢效应可能会产生较大影响。Lucas(1988)认为影响区域技术进步的最重要因素是人力资本，而North(1994)、Nelson(2002)则更看重制度的影响作用。颜鹏飞和王兵(2004)对制度因素同技术效率、技术进步和生产率增长的关系进行了实证检验，结果表明制度因素对后三者均有显著影响。李小平等(2004)对制度、人力资本、进口和外资与TFP增长的关系进行了研究，结果发现这四个因素对TFP均有影响，其中制度因素影响系数最大。姚洋(1998)、郭国峰等(2007)、葛小寒和陈凌(2009)的实证结果也支持制度因素对技术的促进作用。郭庆旺和贾俊雪(2005)指出，影响我国全要素生产率增长变化的主要因素在于我国经济体制变革与宏观经济政策的变化。

Caves(1974)、Globerman (1979)、Buckley 等(2002)、Wei 和 Liu (2001, 2006)、Nadiri(1991)、Inbriani 和 Reganati(1997)、Branstetter(2000)、Evis Sinani 和 Klaus E. Meyer (2004)、Driffield、Nigel 和 Love、James H (2007)、Cheung、Kui Yin(2010)、Le、Hoi Quo 和 Pomfret, Richard(2011)等的研究均支持FDI对东道国企业存在溢出效应；另一方面，Kokko(1994)、Sjoholm(1999)、Aitken 和 Harrison(1999)、Huang(2004)、Javorcik(2004)、Chengqi Wang 和 Li Yu(2007)、Stefan Lutz 等(2008)、Koichiro Kimura(2012) 等的研究则表明由于外国公司的竞争，可能导致那些相同经营领域的国内企业损失它们本来的市场份额，或者不得不以一个较低效能的规模经营，由此增加了它们的平均运营成本，FDI也可能存在负面溢出效应。同时，众多的学者就中国FDI溢出效应的存在性(沈坤荣，1999；Wei 和 Liu，2001；王红领等，2006；钟昌标，2010；夏业良、程磊，2010)，FDI溢出效应的影响因素(陈涛涛，2003；李晓钟、张小蒂，2004；赖明勇等，2005；王苍峰，2008；元朋等，2010；尹希果、桑守田，2011)，FDI在行业内的溢出效应(Li 等，2001；潘文卿，2003；陈涛涛，2006；喻世友等，2005；陈涛涛、狄瑞鹏，2008；李平，2009；黄春媛、何永红等，2010；何泽军，2011)进行了检验，总体上支持我国FDI溢出效应的存在或者溢出效应的存在依赖于一定条件。

从经验上看，一些国家和行业似乎大大受益于外国直接投资的溢出效应。

例如，Globerman(1979)、Liu 等(2000)和 Haskel 等(2007) 以及 Sinani 和 Meyer(2004)分别对加拿大、中国香港以及爱沙尼亚的 FDI 情况进行了研究，认为外国直接投资的积极溢出效应已经具有相当的规模。但同时也有部分文献表明东道国不能从 FDI 中受益，甚至可能因引入外资而遭受损失。Haddad 和 Harrison (1993)以及 Aitken 和 Harrison(1999)分别对摩洛哥以及委内瑞拉的情况研究，结论则是溢出效应无关紧要，甚至对当地的生产力有负面影响。周燕和齐中英(2005) 、Sadayuke(2005)、陈涛涛(2003)、陈涛涛和陈娇(2006)、喻世友等(2005)、李平(2009)、黄春媛、何永红等(2010)、何泽军(2011)等的研究均认为 FDI 对东道国产生了积极的行业内溢出效应或者溢出效应的产生依赖于一定的条件。

此外，FDI 在产业间的后向溢出效应越来越多的引起了研究者的重视。Schoors 和 Bartoldus(2001)使用匈牙利的企业截面数据研究发现 FDI 存在积极的后向链接溢出效应；Driffield 等(2002)指出 FDI 企业对供应商的影响不仅仅是他们所购买的中间产品和服务，而且会通过供应商而影响供应商生产产品的投入质量；Javorcik(2004)运用立陶宛 1996—2000 年的企业数据研究发现立陶宛的 FDI 存在积极的后向链接效应。Dolan 和 Humphrey(2000)，Weatherspoon 和 Reardon(2003)及 Dries 和 Swinnen(2004)发现在发展中国家，由于当地供应商对供给产品不能满足高标准和等级要求而存在负面的后向链接溢出效应。许蔚(2008)通过建立 FDI 与我国后向关联溢出效应关系的回归模型，对影响该溢出效应的制约因素从溢出源、吸收能力两个方面分别进行实证分析。结果表明，这些制约因素对后向关联溢出有着明显作用。崔喜君和欧志斌(2009)分析了金融发展和知识产权保护对 FDI 后向联系溢出效应的影响，研究表明：FDI 对电子及通讯设备制造业并不存在明显的后向溢出效应；金融发展水平和知识产权保护力度不同程度地抑制了后向联系溢出效应的发生。杨亚平和干春晖(2011)运用 2001—2007 年中国制造业企业大样本面板数据，考察了 FDI 通过后向关联渠道对本土供应商生产率的影响，实证研究发现，FDI 的后向关联溢出效应在当期为负，在滞后期显著为正。

中国经济正处于典型的转型阶段，制度的变革带来了科技和经济的高速发展，在那些经济体制较稳固的国家里，制度因素可以忽略，那么在中国这样正在经历经济体制改革的国家，制度因素的影响不容忽视。本书在对李晓钟、张小蒂(2007)模型进行一些修正的基础上，通过对比引入制度变量来进一步分析 FDI 对中国技术创新的影响，作为本书的一个创新之处，为如何提高我国自主创新能力提供理论支持和实证说明。另外，本章将采用我国产业层面的面板数据，实证研究外商直接投资的技术创新效应，比较产业间溢出和产业内溢出，考察不同要素密集度的产业 FDI 技术溢出的差异。

6.2.2 实证检验模型的设定

本书构造了如下模型来评估 FDI 对于中国技术创新作用的影响：

$$\ln P_{it} = \beta_0 + \beta_1 + \ln K_{it} + \beta_2 \ln L_{it} + \beta_3 \ln(FDI_{it}) + \beta_4 CV_{it} + U_{it}$$

其中，i 表示各个省份或内资部门，t 表示时间。P_{it} 代表技术创新能力，FDI_{it} 为第 i 省 t 时期的外商直接投资技术溢出水平，CV_{it} 表示控制变量。接下来从地域和行业的角度解释控制变量。

(1)模型一：地域角度的控制变量说明

技术创新能力。以各地区的专利申请量衡量(Cheung，2004；李晓钟和张小蒂，2007)，专利数作为反映技术创新水平的重要指标，它在某种程度上也是科技实力的一种度量，其规模及水平，可以从一个侧面反映一个地区的创新能力、科技水平。按照专利的技术含量不同划分为发明专利、实用新型专利和外观设计专利，表示专利总量。

资金投入。用各地区的研发投入资金表示，研发投入是进行科技活动的基础，强大的研发投入是科研水平迅速提高的保障，一国或地区的研发投入是影响其技术创新能力的重要因素。

人力资本。以各省科技人员数量表征，科技人员是技术创新的核心力量，其数量和质量是衡量科技竞争力的重要基础指标，也是衡量一个地区科技进步程度和经济增长能力的重要指标。

FDI。用各地区的外商直接投资额表示，FDI 可以通过模仿、竞争、关联等途径产生技术溢出，对东道国的创新能力产生影响。

制度因素。Nelson(1987)支持美国技术创新的制度因素分为市场制度、专利制度、政府支持技术创新的政策和计划以及风险投资和鼓励创新合作的制度四类。市场是资源配置的有效组织形式，市场化程度的加深意味着资源配置效率的提高，因此本文采用三个指标代表市场发展水平来衡量制度因素。一是非国有化水平，用规模以上非国有工业增加值与全部国有及规模以上非国有工业增加值的比值表示。一方面，非国有企业改变了国有企业的运行机制，变无人负责为有人负责，从而达到节约投入、提高效率的效果；另一方面，非国有企业加剧了市场竞争，从而迫使企业提高效率以便能在激烈的竞争中生存。二是城市化水平，用城镇人口与总人口比值表示。城市化水平大体反映一国的消费水平和受教育水平。特别是对于发展中国家来说，城市化水平影响着一国对新技术、新产品的的需求规模。在其他条件不变的情况下，一国的城市化率越高，其消费需求及认知理解能力也就越高，对新技术、新产品的需求越高，从而有利于其研发。三是对外开放度，通常排除国家规模的影响而考虑贸易的相对量，所以用贸易依存度，即进出口总额与当地 GDP 总额的比重表示。对外开放度是经济运行外向化水平的表现，对外开放程度越高，说明市场经济体系越完善，从而有利于一个国家或地区的技术创新水平的提高。

本书所用数据是 1999—2008 年我国 30 个省(除西藏)的面板数据。其中，各专利申请量指标、进出口贸易总额、GDP、规模以上非国有工业增加值、全部国有及规模以上非国有工业增加值的数据均来源于 2000—2009 年的《中国统计年鉴》，研发投入、科技人员数量源于各年《中国科技统计年鉴》，城镇化率源于各年《中国人口统计年鉴》，实际外商直接投资额源于各年《中国对外经济统计年鉴》。由于原始数据是以美元标价，因此把原始数据乘以美元与人民币的平均汇率以转换成以人民币标价的外国直接投资额。为了使数据具有可比性，对研发投入和以 1999 年为基期的 CPI 指数进行平减，来消除价格变动的影响。

(2)模型二：行业角度的控制变量说明

由于本模型旨在对比研究产业内的横向溢出和产业间的后向溢出产生的 FDI 溢出效应程度，外资企业其他的一些指标也需要考虑进来。不同的衡量方法可用来研究 FDI 的生产率溢出的不同方面或渠道。这里采用两个指标：一是外资企业的工业产值份额；二是外资企业从业人数占在某一行业总从业人数的份额。根据 Wei 等(2009)的结论，项目适用性、更好的产品和先进的营销技巧带来的知识扩散、先进的制造或装备水平内含的技术升级和规模范围经济特征以及通过反向工程从产品中获得的知识，都会带来示范效应，而本章将产出溢出就归结为这种示范效应的结果。就业溢出效应被看作与劳动力周转或劳动力在国内与外资企业之间的流动紧密关联。

为了估计后向溢出效应，根据 Javorcik(2004)的方法，使用中国企业投入—产出(I-O)表获得权重数据，用来代理联系变量。该 I-O 表格给出了产业 m 的产品份额对于产业 n 每一份产品产量的影响。该方法强调了如下假设：从产业 m 的 FDI 中获得的知识总量与产业 m 在产业 n 的投入产出结构中所占的重要性以及产业 n 的 FDI 份额成比例。后向溢出效应估计哪类企业在工业 n 的采购投入程度。据前文所述，后向溢出效应来源于外资企业采购国内上游企业的中间产品(包括产品和劳务)。FDI 后向溢出可由公式大致算出，其中 m1n，mn 为产业 m 的产出供给产业 n 的比例，可由 I-O 表获得。

用于计算后向溢出的数据大多来源于中国统计年鉴和中国国家统计局 2002 版的 I-O 表。其中共有 35 种工业数据，时间跨度从 1999—2003 年，来源于《中国统计年鉴》。而另有 122 类工业数据(其中有很多工业被整合在一起计算以符合 CSY2 的工业分类标准),来源于 2002 版的 I-O 表。以 2000 年作为基准年,所有变量相对 2000 年的价格保持不变。依照平减指数,采用 GDP 指数调整增加值,采用固定资产投资指数来调整资本。

6.3 外商直接投资与技术创新的实证结论与分析

6.3.1 基于地域层面的面板检验结果

(1)基于全国样本的检验结果与分析

本书利用我国 1999—2008 年 30 个省市自治区(除西藏)的面板数据,将各种专利申请量作为被解释变量,从实证的角度来考察 FDI 对我国技术创新能力的影响程度。本文先通过 F 检验设定模型为变截距模型,由于 Hausman 检验拒绝了随机效应模型,因此需选择变截距的固定效应模型。然后选择可行广义最小二乘方法(Effective Generalized Least Square,EGLS),且按照截面进行加权(Cross-Section Weights),回归结果如表 6.2 所示。

从模型 1.1 的估计结果看,FDI 对专利申请量并无显著影响,理论上这一结果难以解释,因为发展中国家的确能够通过利用 FDI 的技术外溢效应,加强和改善本国的技术创新能力。模型得到的结果可能的解释是 FDI 对我国的技术扩散不能被很好的吸收,致使其产生的外溢作用没有很好地促进我国技术水平的提高。而三个制度变量在 1%或 5%的显著性水平下符号均为正,表明合理的制度环境的确促进了我国技术创新能力的提高,制度因素对技术创新具有不可或缺的作用。非国有化程度越高,意味着政府行政干预越少、企业产权结构越清晰,竞争力越强,效率越高;城市化水平越高,意味着一国的消费水平和受教育水平越高,其消费需求及认知理解能力也就越高,从而对新技术、新产品的需求越高,有利于一个国家新技术研发水平的提高;对外开放水平越高,说明市场经济体系越完善,越有利于我国的技术创新水平的提高。因此,在 1.2 中将 FDI 与制度变量的乘积项纳入到模型中,结果发现 FDI 前面的系数显著为负(−0.115),而 FDI 与制度变量的乘积项前面的系数均显著为正(0.093、0.181、0.100),这表明我们不应该对 FDI 的溢出作用有过高期望,FDI 不会单独对我国创新能力的产生促进作用,只有与制度变量相结合才能起到应有的促进作用。同时也说明,制度因素不仅直接提高了我国的自主研发能力,还通过增强 FDI 的吸收能力间接提高了我国的技术创新能力。虽然三个制度变量都对专利申请量有显著的正向作用,但是贡献程度有所不同,值得关注的是,在两个模型中变量系数大小顺序都是 $Urb_{it} > Open_{it} > Unnat_{it}$（1.212>0.780>0.464，0.181>0.100>0.093），表明不同的制度变量对技术外溢的吸收作用程度不同。研发资金投入 K_{it} 和科技人员投入 L_{it} 在 1.1 和 1.2 两个模型中均显著为正，且模型 1.2 中，研发资金投入 K_{it} 系数最大（0.560），较之 FDI 与制度变量的乘积项还要大。说明对于专利申请量来说，我们不能仅仅通过向外资企业简单地模仿和学习来提高自身研发水平，更要看到国内自主研发（研发资金和科技人员）的重要作用，注重国内的研发水平的提高，将提高国内企业自主研发能力提高到战略的高度上来。

表 6.2　全国数据的经验证据

	P_{it}		Inv_{it}		Des_{it}		Uti_{it}	
	1.1	1.2	1.3	1.4	1.5	1.6	1.7	1.8
β_0	3.593*** (0.784)	4.795*** (0.790)	−0.167 (1.045)	2.314** (1.078)	2.035* (1.097)	4.318*** (1.162)	3.25*** (0.670)	4.041*** (0.696)
$\ln K_{it}$	0.507*** (0.050)	0.560*** (0.039)	0.657*** (0.064)	0.690*** (0.050)	0.512*** (0.074)	0.554*** (0.060)	0.414*** (0.041)	0.417*** (0.036)
$\ln L_{it}$	0.189** (0.075)	0.130* (0.074)	0.294*** (0.101)	0.149 (0.100)	0.171* (0.106)	0.035 (0.110)	0.227*** (0.064)	0.182*** (0.065)
$\ln(FDI_{it})$	−0.007 (0.029)	−0.115*** (0.042)	0.045 (0.037)	−0.160*** (0.058)	0.034 (0.043)	−0.127** (0.062)	−0.013 (0.025)	−0.077** (0.037)
$Unnat_{it}$	0.464** (0.217)		0.926*** (0.288)		0.499 (0.337)		−0.017 (0.167)	
Urb_{it}	1.212*** (0.430)		1.539** (0.636)		1.819*** (0.571)		0.502 (0.340)	
$Open_{it}$	0.780*** (0.160)		0.797*** (0.183)		0.793*** (0.183)		0.608*** (0.111)	
$\ln(FDI_{it})*Unnat_{it}$		0.093*** (0.036)		0.231*** (0.048)		0.132** (0.061)		0.051* (0.030)
$\ln(FDI_{it}*Urb_{it}$		0.181* (0.080)		0.309** (0.132)		0.272*** (0.084)		0.062 (0.061)
$\ln(FDI_{it})*Open_{it}$		0.100*** (0.023)		0.081*** (0.025)		0.135*** (0.031)		0.090*** (0.016)
模型假设的 F 检验	16.492	16.719	10.486	10.553	13.455	12.989	35.766	36.474
Hausman 检验	12.885	12.132	50.580	48.135	15.616	13.745	20.277	22.167
模型设定形式	变截距 FE	变截距 FE	变截距 FE	变截距 FE	变截距 FE	变截距 FE	变截距 FE	变截距 FE
调整后的 R^2	0.977	0.979	0.962	0.969	0.964	0.962	0.981	0.983
F 统计量	361.109	403.450	215.784	267.280	232.529	218.342	452.710	488.473
Prob(F)	0.000	0.000	0.000	0.000	0.000	0.000	0.000	0.000

注：***、**、*分别代表 1%，5%和 10%显著水平上统计显著；括号中为标准误；本书所用软件为 Eviews6.0。

我们知道，相对于实用新型专利和外观设计专利而言，发明专利是包含技术含量较多、层次较高的技术创新。但截至2008年底我国发明专利占专利申请总量的比重只有23.34%，实用新型和外观设计专利所占比重分别为36.11%和40.55%。为考察FDI对三种专利申请量的影响是否存在差异，本文依次将上述三种专利申请量分别作为创新水平指标来度量，进一步考察FDI对这三种专利申请量的影响。回归结果见表6.3中的1.4—1.12。

模型1.3—1.8为FDI对三种不同类型专利影响的估计结果。与总专利申请量的结果相一致，在模型1.3、1.5和1.7中，FDI对三种专利申请量都没有产生明显的作用（统计意义都不显著）。同样地，再次引入FDI与制度变量的交互项。在模型1.4、1.6和1.8中，我们发现FDI变量和FDI与制度因素的乘积变量都具有显著性（除模型1.8中的$\ln(FDI_{it}) * Urb_{it}$），但它们的符号一负一正，再次说明了FDI不会单独对我国自主创新能力产生促进作用，要与制度变量相结合才能发挥其技术溢出作用。东道国自身的技术吸收能力在很大程度上决定了FDI溢出效应的大小，东道国自身吸收能力越高，那么就越容易通过获得FDI的技术外溢效应来提高本国的技术创新水平。因此，创造有利于自主创新的制度环境，从而激励更多的研发活动，是提升我国技术水平和实现自主创新型国家的重要战略选择。另外，在6个模型中，研发资金投入变量K_{it}与三种专利申请量都具有显著的正相关性，对发明专利的影响最大，弹性系数为0.657和0.690。在引入交互项的模型1.4、1.6和1.8中，K_{it}的弹性系数最大（分别为0.690、0.554和0.417），说明研发资金投入变量K_{it}对三种专利申请量的作用不容忽视，它是制约我国技术创新的最主要因素之一。除模型1.4和模型1.6外，科技人员投入L_{it}与各种专利申请量也具有显著地正相关性，与全国总专利申请量的结果相一致，这意味着增加研发投入是提高我国自主创新能力的主要渠道之一。

(2)分地区样本的检验结果与分析

由于我国东、中、西部地区区位优势、经济发展水平及制度环境存在较大差异，进而外商直接投资、研发活动也有较大差距。因此，本文接下来分别对三大地区进行FDI的技术溢出效应检验。与全国样本一样，本部分仍然利用我国1999—2008年30个省市自治区（除西藏）的面板数据，先通过F检验和Hausman检验设定模型形式，然后选择可行广义最小二乘方法（Effective Generalized Least Square，EGLS），且按照截面进行加权（Cross-Section Weights）。不同的是本部分仅以总的专利申请量作为被解释变量，从实证的角度来考察FDI对我国技术创新能力的影响程度，回归结果如表6.3所示。

从东、中、西的分组检验结果来看，FDI对三大地区技术创新能力的影响存在着明显的不同。在模型 2.1、2.3 和 2.5 中，东部地区的 FDI 对专利申请量几乎没什么影响(回归系数为正，但统计量不具有显著性)；中部地区 FDI 对专利申请量的影响显著为正，但其贡献程度不大；西部地区 FDI 对专利申请量则显著为负。东部地区是 FDI 的主要投资区域，理论上 FDI 应该对东部地区产生较强的溢出效应，事实上却表现出了与其科技发展水平、经济发展水平不一致的情形，可能的原因是比起研发资金投入及制度环境来说，东部地区的技术创新更多地依靠自身研发活动以及适宜的制度环境，也说明东部地区没有显著地对 FDI 产生技术依赖，这将有利于东部地区经济的可持续发展。中部地区近年来经济发展速度和对外开放水平不断提高，FDI 对中部地区技术创新的正面作用逐步体现，尤其是河南、湖南、湖北三省份的科研创新基础雄厚，能力较强，加之国家新出台的一系列加快中部崛起的优惠政策，各种有利因素综合在一起促进了中部地区技术创新水平的提高。而对于西部地区来说，外资总量较少，截至 2008 年底，西部地区的外资总量仅占全国的 3.4%，且西部地区自行研发能力不高，只有那些对技术水平和资金投入要求不高的 FDI 技术才能被吸收利用，因此，阻碍了 FDI 的技术溢出。在引入 FDI 变量与制度变量的乘积项之后，三个地区的 FDI 弹性系数均显著为负，且除了东部地区的 $\ln(FDI_{it})*Urb_{it}$ 一项不显著外，其余 FDI 变量与制度变量的交互项都显著为正，这一结果与全国样本的实证结果吻合。说明虽然单独的 FDI 变量对三大地区的技术创新影响不尽相同，但是与制度变量结合以后都能对各区域的技术创新起到很大的促进作用。同时也表明，合理的制度环境不仅直接提高了我国的技术研发能力，还通过增强 FDI 的吸收能力间接提高了我国的技术创新能力，制度因素同样在三大地区起着至关重要的作用。

表 6.3　各地区数据的经验证据

	东部地区 P_{it}		中部地区 P_{it}		西部地区 P_{it}	
	2.1	2.2	2.3	2.4	2.5	2.6
β_0	4.245*** (1.027)	4.313*** (0.984)	0.874 (1.591)	5.589*** (1.806)	1.456 (1.619)	4.528*** (1.554)
$\ln K_{it}$	0.663*** (0.077)	0.592*** (0.080)	0.091* (0.046)	0.121** (0.046)	0.419*** (0.099)	0.609*** (0.074)
$\ln L_{it}$	0.150 (0.105)	0.181* (0.109)	0.373** (0.155)	0.189 (0.159)	0.318** (0.099)	0.150 (0.150)
$\ln(FDI_{it})$	0.071 (0.073)	−0.049* (0.102)	0.080* (0.046)	−0.569*** (0.117)	−0.094** (0.047)	−0.442*** (0.115)

续表

	东部地区 P_{it}		中部地区 P_{it}		西部地区 P_{it}	
	2.1	2.2	2.3	2.4	2.5	2.6
$Unnat_{it}$	0.281** (0.230)		−0.069 (0.377)		1.149** (0.555)	
Urb_{it}	−0.852 (0.365)		5.206*** (0.950)		4.309*** (1.303)	
$Open_{it}$	0.653*** (0.147)		3.429*** (0.735)			
$\ln(FDI_{it}) * Unnat_{it}$		0.111* (0.059)		0.162* (0.084)		0.350*** (0.127)
$\ln(FDI_{it}) * Urb_{it}$		−0.047 (0.070)		1.064*** (0.292)		0.722** (0.330)
$\ln(FDI_{it}) * Open_{it}$		0.107*** (0.022)		0.832*** (0.164)		
模型假设的 F 检验	9.462	9.493	11.611	13.082	47.122	42.756
Hausman 检验	8.997	10.478	31.299	40.833	5.163	1.807
模型设定形式	变截距 RE	变截距 RE	变截距 FE	变截距 FE	变截距 RE	变截距 RE
调整后的 R^2	0.889	0.893	0.960	0.961	0.968	0.834
F 统计量	159.838	167.368	153.730	158.244	83.395	90.200
Prob(F)	0.000	0.000	0.000	0.000	0.000	0.000

注：***、**、*分别代表1%,5%和10%显著水平上统计显著；括号中为标准误；本文所用软件为 Eviews6.0。

三大地区的研发资金投入变量 K_{it} 对专利申请量都起着显著的正向作用，在东部地区和西部地区的作用尤为明显（弹性系数较大）。而三大地区的科技人员投入变量 L_{it} 对专利申请量的作用却不尽如人意，在以上 6 个模型中有 3 个模型（模型 2.1、2.4 和 2.6）的弹性系数不显著，即对技术创新没有表现出显著的促进作用。说明科技人员的科研效率不是很高，从事科技活动的人员并不完全从事研发活动，相当部分从事辅助工作或行政工作，造成人员臃肿，研发绩效低。在很大程度上，科技成果依然取决于研发经费的投入。

(3)作用机制的实验模拟

前面的实证结果表明 FDI 通过与制度因素结合来对中国技术创新产生影

响，那么对于拥有不同制度环境的省份而言，FDI 的影响程度可能存在差异。那么这种差异的程度会有多大呢？进一步地，随着 FDI 的不断增加，这种差异是趋于收敛还是趋于发散呢？鉴于此，本文接下来用一个思想实验来模拟不同的制度因素对地区技术创新的影响差异。本文衡量制度因素的变量有三个，在大多学者在选取一个制度变量的情况下，用非国有化程度来衡量我国的制度因素；本部分仅选非国有化作为制度指标，具体估计策略如下：(1)根据各省市的样本均值，在三大地区各挑选出制度最好(非国有化变量均值最大)和制度最差(非国有化变量均值最低)的两个省份；(2)因为来自同一区域，假定这两个省市的其他条件全部相同，仅在制度这一个方面存在差异；(3)将两个省市所面临的 FDI 划为低、中、高三个阶段，分别取各区域样本的最小值、平均值和最大值；(4)利用表 2 模型 2.2、2.4 和 2.6 的回归结果引入两省市的制度变量均值和不同程度的 FDI 值并进行相减，由此得出 FDI 对不同制度环境地区的技术创新的作用差异，模拟结果如表 6.4 所示。

先看东部地区。在其他条件相同的情况下，当 FDI 取最小值、均值和最大值时，浙江(制度均值最高的省份)比北京(制度均值最低的省份)的专利申请量要分别高出 0.138、0.264 和 0.319 个百分点。由此可以看出，随着 FDI 流入的提高，由省市间制度环境差异所引起的专利申请量差异也不断提高，而且从差异变化幅度来看，这种差异呈现出逐步发散的态势。中部地区和西部地区也呈现出相似的情形，即随着 FDI 流入量的增加，制度不同带来的专利申请量差异也随之变大。不同的是，东部和中部的差异变化幅度不太大，在 2～3 倍之间，而西部地区的差异变化幅度竟达到 32 倍之高。说明 FDI 对技术创新的影响不仅存在区域差异，在区域内部的省市之间也存在着明显的差异，特别是在西部地区。

表 6.4　制度机制下国际贸易对技术创新影响差异的模拟

地区	对比省份	FDI	专利申请量差异	差异变化幅度(倍)
东部地区	浙江与北京	最小值	0.138	2.311
		平均值	0.264	
		最大值	0.319	
中部地区	江西与黑龙江	最小值	0.125	2.825
		平均值	0.294	
		最大值	0.354	
西部地区	四川与新疆	最小值	0.023	32.121
		平均值	0.447	
		最大值	0.725	

注：差异变化幅度是 FDI 最大值与最小值时所对应的专利申请量差异的比值。

6.3.2 基于产业层面的面板检验结果

为避免回归中可能出现的伪相关，在实证研究中有必要区分静态变量和非静态变量。最新的文献里提出了几种用来测定面板单位根的方法，如 Maddala 和 Wu (MW)(1999)，Levin 等(2002)，Im 等(2003)。面板单位根检验主要使用 ADF 方法进行。而在本章中，采用 MW 面板单位根检验结果，这是因为该方法能运用于更大数据容量、更高幂次的情况，并且它还更适用于具有异质截面的面板数据。Maddala 和 Wu(1999)的研究显示 MW 检验要比其他的面板单位根检验要优越得多。采用面板数据单位根检验选择回归的确定性类型，取决于所研究的序列在时间维度上是否显示出清晰的趋势，比如是否包含截距或者截距与线性趋势线等。回归的次序则决定于赤池信息准则(AIC)，这是由于该准则比其他准则更加适用于短时间跨度。

不同数据类型相应的统计模型可分别采用普通最小二乘(OLS)模型，固定效应(FE)模型和随机效应(RE)模型进行估计。涉及横截面效应的模型被称为单向 FE 模型或 RE 模型。而同时考虑横截面和时间效应的模型则被称为双向 FE 模型或 RE 模型。以下三种方法通常被应用于确定最适用于数据集的统计模型：似然比(LR)检验可在 FE 模型或 OLS 模型中做出选择；拉格朗日乘数(LM)检验可在 RE 模型或 OLS 模型中做出选择；豪斯曼(HS)检验可在 FE 模型或 RE 模型中做出选择。权威计量经济学书籍对面板数据分析的估计技巧做了详尽描述，例如 Baltagi(2001)。在个体特征影响为常数的零假设条件下，似然比(LR)检验有助于在 OLS 模型和 FE 模型之间进行选择。在 OLS 估计量就是有效线性无偏估计的零假设条件下，拉格朗日系数(LM)检验有助于在 OLS 模型和 RE 模型之间进行选择。最后，如果豪斯曼(HS)统计量的值较大，则表明应选择 FE 模型而不是 RE 模型。

(1)全行业样本检验结果与分析

表 6.5 给出了回归分析中所有变量的统计特征。所有变量中仅有 $Ln(L)$没有显现出明显的趋势，即所有面板数据单位根检验结果除 $Ln(L)$外均包含了截距和线性趋势，只有 $Ln(L)$仅包含截距。MW 面板单位根检验表明，在常用的显著水平上，可以拒绝所有变量“具有单位根”的零假设。它们在回归方程中都是水平变量的形式。

表 6.5　统计描述和相关矩阵

	均值	s. d.	面板单位根法	相关矩阵 Ln(K)	Ln(L)	Hor_EM	BL_EM	Hor_OUT	BL_OUT
Ln(Y)	6.03	1.02	124.05***						
Ln(K)	6.47	1.09	157.31***	1					
Ln(L)	4.48	0.88	167.62***	0.72	1				
Hor_EM	17.74	18.07	163.11***	−0.53	−0.17	1			
BL_EM	3.77	5.14	164.11***	0.11	0.27	0.41	1		
Hor_OUT	25.86	18.39	144.59***	−0.43	−0.11	0.92	0.47	1	
BL_OUT	6.34	7.84	132.56***	0.32	0.40	0.21	0.91	0.33	1

注：Hor_EM、BL_EM 分别表示根据外资企业占某一行业总从业人数的份额数据计算得到的横向溢出和后向溢出指标；Hor_OUT、BL_OUT 则表示根据外资企业的工业产值份额度量的横向溢出和后向溢出指标。

正如前文所阐明的，本章分别从产出和就业两个层面来衡量溢出效应。通过选用不同的衡量方式，从而弄清楚外国和本地企业在我国各产业中产生技术溢出的途径。表 6.6 给出了这些技术溢出变量更多的统计特征。可以看到，不管采用何种衡量方式，一般来说横向溢出和后向溢出效应随时间而增长，而且产业间的差异也随时间增加。

表 6.6　技术溢出变量的统计描述

年份	采用产出份额衡量溢出变量 横向溢出(Hor_EM) 均值	标准差	后向溢出(BL_OUT) 均值	标准差	采用就业份额衡量溢出变量 横向溢出(Hor_EM) 均值	标准差	后向溢出(BL_EM) 均值	标准差
1999	24.8	18.3	5.9	7.2	15.0	16.3	3.1	4.4
2000	25.9	18.7	6.3	7.8	16.3	17.1	3.4	4.7
2001	25.7	18.5	6.4	8.1	17.7	18.0	3.8	5.2
2002	26.2	18.3	6.5	8.0	19.6	20.1	4.1	5.4
2003	26.8	19.1	6.7	8.4	20.1	19.1	4.4	6.0

表 6.7 给出了通过产出和就业体现的 FDI 溢出效应。本章采用的是面板数据，因此，使用了各种诊断检验方法从统计上决定采用何种模型来进行分析。第一列(column 1)给出了使用产出份额来衡量溢出效应时的结果。检验结果拒绝了没有产业固定效应，以及没有产业和时间序列效应的假设，因为相应的似然比检验统计量数值分别为 448.05 和 677.00。这表明，在不同产业的产出之间存在异质性。另外，拉格朗日乘数检验统计量的数值为 262.27，印证了估计时应考虑产业和时间效应的想法。最后，豪斯曼检验统计量为 15.56，表明双向固定效应模型比双向随机效应模型适用。同样的，采用就业份额衡量固定效应时(column 1)，诊断检验统计量表明双向固定效应模型更适用。因篇幅限制，在此

没有给出产业和年份虚拟变量的估计值。

表 6.7 全样本的 FDI 技术溢出的回归结果

	采用产出份额衡量溢出变量	采用就业份额衡量溢出变量
	(1)	(2)
模型	*FE*	*FE*
Ln(*K*)	0.2793*** (0.0234)	0.2862*** (0.0275)
Ln(*L*)	0.1032*** (0.0379)	0.1390*** (0.0514)
Hor	−0.0028 (0.0022)	0.0011 (0.0010)
BL	0.0206** (0.0085)	0.0198*** (0.0034)
R^2	0.9938	0.9939
部门数量	35	35
观察数量	175	175
检验值	LR1[34]=448.05***	LR1[34]=458.02***
	LR2[39]=677.00***	LR2[39]=662.18***
	LM[2]=262.27***	LM[2]=266.74***
	H[4]=15.56***	H[4]=17.91***

注:(1)Ln(Y)为因变量;(2)圆括号里是标准误差;(3)***,**和*分别表示系数在1%,5%和10%水平上显著不为0。(4)似然率(LR1)统计被用来检验产业固定效应。(5)似然率(LR2)统计被用来检验产业和年份固定效应。(6)拉格朗日系数(LM)统计被用来检验产业和年份随机效应。(7)豪斯曼统计被用来在固定效应和随机效应之间做检验。

表 6.7 显示资本和劳动力变量是显著为负的。但是,估计出的资本弹性比劳动力弹性要高,表明在生产过程中,资本对产出的贡献比劳动力要大。投入的总弹性在统计上显著不为 1,因此中国产业存在递减的规模效应。该结果与 Tu 和 Xiao(2005)关于中国的论断是一致的。其他学者在其他国家也有相似的发现,例如 Basu 和 Fernald(1997)对美国的研究,以及 Klette(1999)对挪威的研究。Tu 和 Xiao(2005)认为中国产业利润递减是国企效率低的主要原因。

本节主要关注各溢出变量的系数。不管采用哪种衡量方式,后向溢出效应该是显著并且为负的,但是横向溢出效应在统计上是不显著的。这说明外商投资的企业有正的产业间外部性而不是产业内外部性。因此同一产业的本地企业并未从外商投资的企业获益,但是本地企业与他们国外客户的联系有助于提高生产率。

20 世纪 90 年代中期,欧盟、美国、日本等发达国家的跨国企业开始在中国大幅投资。截至 2001 年末，世界排名前 500 的跨国企业中已有 400 余家在中国投资，并且主要集中在电子、汽车、电器、无线通信设备、仪器设备、化学医药工程等产业。这些产业都是资本或技术密集型。Jiang(2002)调查了 127 个位于北京、上海、深圳和苏州的外商投资企业，发现其中的 42%使用了世界上最先进的技术，45%使用了相对先进的技术，仅有 13%使用的是在中国已经普遍采用的常规技术，这些结果在一定程度上为横向溢出效应的计量结果提供了支持。

Jiang(2002)也发现所调查的外资企业分支机构中，58%拥有本地供应商，其中 69%在与本地供应商合作的项目中，通过技术支持、技术标准、参股和投资影响了他们的本地供应商，这为后向溢出计量结果提供了直接支持。本章的发现也与中国的贸易政策与实践有着直接的联系。从 2001 年开始加入世贸组织(WTO)的过程中，我国取消了 TRIMS 协议禁止的当地含量要求，然而正如 Rosen(1999)指出，中国事实上仍然对外资企业实施了当地含量要求。这些政策也许已经影响了中国外资和本地企业双方的生产和交易行为。外资企业不管自愿还是不自愿的，都在将本地供应商整合到自身的生产运营中。

(2)分不同要素密集度行业检验结果与分析

已经知道，目前整体的情况是内向 FDI 产生正的后向溢出而不是横向溢出，为了得到更有洞见的结论，有必要根据中国产业的属性将其划分为多个组，考察每个组从 FDI 的横向和纵向溢出效应中得益的实际情况。依据产业的资本密集度对其进行划分(以资本劳动比率为依据)，并考察了溢出变量如何影响不同种类的产业，将资本劳动比率低的组归为劳动密集型产业，资本劳动比率高的归为资本密集型产业。采用 F 检验来证实该分类的合理性，检验结果为在 1%的水平下显著。

表 6.8　不同要素密集度行业的 FDI 技术溢出的回归结果

	劳动密集产业		资本密集产业	
被解释变量	采用产出份额衡量溢出变量	采用就业份额衡量溢出变量	采用产出份额衡量溢出变量	采用就业份额衡量溢出变量
	(1)	(2)	(3)	(4)
模型	*FE*	*RE*	*FE*	*FE*
Ln(*K*)	0.4311**	0.5735***	0.1878***	0.1830***
	(0.2167)	(0.0577)	(0.0582)	(0.0524)
Ln(*L*)	0.1384**	0.3475***	−0.1455	−0.1583
	(0.0649)	(0.0576)	(0.1628)	(0.1609)
Hor	−0.0062***	0.0064***	0.0022	0.0059
	(0.0013)	(0.0016)	(0.0020)	(0.0052)

续表

	劳动密集产业		资本密集产业	
被解释变量	采用产出份额衡量溢出变量	采用就业份额衡量溢出变量	采用产出份额衡量溢出变量	采用就业份额衡量溢出变量
	(1)	(2)	(3)	(4)
模型	*FE*	*RE*	*FE*	*FE*
BL	0.0272** (0.0130)	0.0109 (0.0070)	0.0178* (0.0099)	0.0273* (0.0154)
R^2	0.9957	0.9958	0.9918	0.9924
部门数量	18	18	17	17
观察数量	90	90	85	85
检验值	LR1[17]= 154.83***	LR1[17]= 152.31***	LR1[16]= 261.53***	LR1[16]= 272.01***
	LR2[22]= 290.44***	LR2[22]= 280.820***	LR2[22]= 347.69***	LR2[21]= 346.93***
	LM[2]= 141.81***	LM[2]= 110.06**	LM[2]= 135.03***	LM[2]= 144.32***
	H[4]= 12.63***	H[4]= 7.03	H[4]= 11.39**	H[4]= 16.84***

注:(1)Ln(Y)为因变量;(2)圆括号里是标准误差;(3)***,**和*分别表示系数在1%,5%和10%水平上显著不为0;(4)似然率(LR1)统计被用来检验产业固定效应;(5)似然率(LR2)统计被用来检验产业和年份固定效应;(6)拉格朗日系数(LM)统计被用来检验产业和年份随机效应;(7)豪斯曼统计被用来在固定效应和随机效应之间做检验。

表6.8报告了将产业分为资本密集和劳动密集后的计量结果。对于劳动密集型产业而言,使用产出衡量溢出效应时,横向溢出效应变量的系数是显著为负的,而后向溢出变量显著为正;使用就业衡量溢出效应时,横向溢出效应变量的系数是显著为负的,但是后向溢出变量不显著。这表明在劳动密集型产业中,产业内溢出效应的形式主要是竞争和劳动力周转,产业间溢出的渠道则主要为中间产品供应以及技术协助。对于资本密集型产业而言,不管采用哪种衡量方式,结果都是一样的,例如没有横向溢出效应但是具有正的后向溢出效应。换而言之,资本密集型产业没有产业内溢出,而它的产业间溢出主要是通过中间产品供给、技术协助和劳动力周转的渠道。

产出溢出是与项目适用性、机器设备先进性(包括技术升级的示范效应)相关联的。关于产出溢出的计量结果表明外资企业带来的严峻的竞争压力使中国处于劳动密集型产业的本地企业的生产率降低。在资本密集型产业,正的示范效应和负的竞争效应相互平衡,所以本地企业的生产率一般来说是不受外资企业影响的。不论是资本还是劳动密集型产业,外资企业的本地供应商都是受益的。

对于劳动密集型企业,采用就业作为衡量方式主要反映因劳动力周转产生的溢出效应,而工资水平、劳动技能的专用性和可转移性是影响企业之间劳动流动的关键因素。实证结果显示,国内企业在劳动力密集型产业能直接或者间接地受益于同行业国外企业培训的本地雇员,但是没有受益于上游行业的外资企业。外资企业大力投资在当地雇员的培训上,对管理和研发人员尤为重视,从而增加了当地的人力资本。因此企业之间的劳动力周转是一个重要的溢出渠道。然而,劳动密集型行业主要是利用非熟练和半熟练劳动力。他们的劳动技能已经在中国广泛应用,可以在同行业内实现技术转移,但是对上游行业的企业用处不大。因此,行业内而非行业间的外企劳动力回流增加了国内企业的生产率。

对于资本密集型产业,国外投资者大力投资在劳动力培训上,但是大部分熟练工容易跳槽,所以公司倾向于使用高薪留住核心职员,至少保证他们不跳槽到同产业的其他公司。不过如果这些职员为上游产业服务,他们就帮助提高了本地公司的生产率。

6.4　小　结

本章首先利用 30 个省市 1999—2008 年间的面板数据研究了 FDI、自主研发(研发资本和科技人员)和制度因素对我国技术创新能力的影响,得出以下主要结论:(1)在以全国专利申请量、发明专利、实用新型专利和外观设计专利为被解释变量时,单独的 FDI 不会对我国创新能力的产生促进作用;(2)在分区域的实证分析中,我们发现,FDI 对中国技术创新的影响存在着明显的区域性特征,即 FDI 对东部地区无显著影响,对中部地区影响显著为正,对西部地区影响则显著为负,对此本文给出了合理的解释;(3)无论在全国还是分区域的实证分析中,非国有化程度、城市化程度和对外开放度三个制度变量都直接提高了我国的技术创新能力,并且还通过增强 FDI 的吸收能力间接提高了我国的技术创新能力;(4)全国和分区域的研发资金投入对专利申请量都起着显著的正向作用,且贡献程度较大,而三大地区的科技人员投入却不尽如人意,说明科技人员的科研效率不是很高,在很大程度上,科技成果依然取决于研发经费的投入。

接下来讨论了外商直接投资在产业层面上的技术溢出机制和途径。首先,根据外资企业在某一行业总从业人数的份额以及外资企业的工业产值份额数据来度量横向和后向溢出效应;其次,建立我国产业层面的 FDI 技术溢出的实证模型,采用我国 35 个产业的面板数据,考察 FDI 在我国产业层面的技术溢出机制和途径，探讨行业要素密集度（即资本密集型或劳动密集型）对于FDI技术溢出机制和途径的影响。实证表明，在我国产业层面上，不存在外国直接投资的横向溢出效应，但是有正的后向溢出效应。在劳动密集型行业和资本密集型行业，外国直接投资技术溢出效应存在差异。在劳动密集型行业，既有负的竞争效应，又存在由于劳动力从外资企业回流到国内同行企业所带来的正向技术溢出效应。然而，对于资本密集型产业而言，FDI的横向溢出效应不明显，结果表明，FDI技术溢出效应的具体表现和程度深浅因溢出途径和产业自身特点的不同而不同。

上述研究结果给我们重要的政策启示：

第一，我们不能盲目地以为外资引进的越多越好，FDI对国内企业的技术影响程度并非普遍认为的那样显著，FDI对提高区域创新能力的作用是有限的。更高水平的FDI，并不一定会带来更强的创新能力和创新精神。所以我们不能仅仅依靠引入FDI来增强区域创新能力，应加大国内研发投入，积极培育本国企业的研发能力，推动和刺激我国企业的自主创新，才是利用外资企业的技术外溢作用带动本国技术进步的根本所在。因此，要建设创新型国家，提高我国企业的核心技术水平，必须引导我国企业加大研发投入，建立企业自主研发体系，提高国内企业的研发能力，同时利用内外资企业之间的竞争效应、模仿效应和学习效应。另外，我国科技人员对各区域的专利申请量作用并不十分显著，这说明我国科技人员的分布格局存在不合理性，因此要加快促进科研人才体系的形成与发展。在激励国内自主研发投入的同时，还要注重引进和学习国外先进技术，若只重“内”不重“外”，有可能落后于世界先进技术水平。总之，自主研发和技术引进两者不可偏废，要统筹兼顾、合理规划，才能全面提升我国的技术创新水平。

第二，减少政府行政干预范围，继续深化产权制度改革，形成有效的激励监督制度，对提升我国自主创新能力有着重要意义。进一步加快城市化进程能够增强人们对新技术、新产品的需求，为技术创新提供支撑平台，从而有利于其研发。同时，继续加大对外开放力度，通过引进技术创新所需要的中间投入品、商品和技术，获得处于世界技术前沿的新技术新产品信息，学习先进的研发管理技术改善科研管理制度。因为在技术创新的影响因素中，非国有化程度、城市化程度和对外开放度三个制度变量对我国技术创新都有促进作用，还通过增强FDI的吸收能力间接提高了我国的技术创新能力。

第三，中国政府需要进一步加强研发投入和技术进步，以帮助本地企业改善其技术创新能力，这样才能够受益于外国直接投资的溢出效应。但最重要的是，政府还应该尝试建立灵活的、机制完善的劳动力市场。

第7章　对外开放、知识产权保护与技术创新

7.1 引　言

第二次世界大战后，国际分工的深化使得世界各国之间，尤其是发达国家和发展中国家之间的经济日益相互依赖、密不可分，全球经济成为一个有机的整体。发达国家的跨国公司通过对外直接投资将一些技术和低附加值相对较低的生产环节配置到发展中国家。这一方面可以有效利用发展中国家廉价的劳动力和资源，另一方面也使得跨国公司的母公司可以集中更多的资源来进行研发和创新活动。而对于发展中国家而言，跨国公司所转移的生产环节或者产业具有一定的技术性（相对于发展中国家当地的技术水平而言）。通过引进发达国家所转移的产业和生产环节，发展中国家可以快速掌握这些产业的技术，实现其技术水平的快速提高。实际上，战后日本和德国在很大程度上也主要是在引进美国先进技术的基础上发展起来的。随着一些依靠出口和大量引进外资而迅速实现经济腾飞的国家的涌现，吸引外资被广大发展中国家视为繁荣本国经济的灵丹妙药。发展中国家希望通过引进外资为他们带来他们所稀缺的资本、技术和管理经验，最终实现本国技术的进步和创新能力的提升。

世界银行1998—1999年度世界发展报告《知识促进发展》（Knowledge for Developmne）研究了知识与发展的关系，总结了经济学研究中自20世纪80年代以来的一些重要研究成果，其中特别强调了知识对于经济发展的意义，也指出了发展中国家必须促进知识为经济服务的重要性。报告认为通过知识来促进发展必须采取两大措施：一是缩小知识差距；二是解决信息问题。在缩小知识差距的问题上，该报告尤其提到可供发展中国家采用的国家战略是采取获取知识的政策，它既包括本地知识，也包括获取和采用世界各地可得到的知识。而从国外获取知识的三个关键途径：贸易、外国直接投资和技术的许可证转让，一国的知识产权保护政策与这三个途径都紧密相关。因此，这份权威的报告认为发展中

国家加强知识产权保护是大势所趋。

在国际上，一个健全的知识产权保护制度对于一国的经济增长和发展至关重要，因此，各国都加强了对其的重视，知识产权作为世界贸易组织的三大支柱之一越来越受到各国重视。以二次大战后发生经济奇迹的日本为例，1968 年，日本特许厅发表了题为《开拓明天的专利》的白皮书，号召人们积极有效地向外国申请专利。在这以后，日本向外国申请专利的数量稳步增加。在美国专利局10 年(1975—1985)间公布的全部专利中，日本人的专利每年增长 1%，到 1984 年，日本人获得美国专利数已超过英、法、联邦德国三国在美国获得专利的总数。在 80 年代末期的全世界发明专利申请中，日本以 34 万件之巨真正地成为了专利超级大国。2003 年 3 月 20 日，出于对本国产业竞争力下降的担忧，日本召开了知识产权战略会议，改“科技立国”的国策为“知识产权立国”。作为当今世界的知识产权大国，日本这一基本国策的转变无疑是知识产权重要性最有力的说明。美国和欧盟国家也均有类似的战略措施，如 2002 年，美国专利商标局发布了《21 世纪专利战略发展纲要》，其重点在于以知识产权为手段建立对全球经济的快速反应机制。

伴随着 20 世纪末以来工业化进程的深化，发展中国家开始相继扩充与完善知识产权的保护范围与深度，产权制度得到一定的完善，但这并没能阻止发达国家在全球范围内推行更严格甚至统一的知识产权保护机制的诉求(McCalman，2002)。一系列具有丰富现实意义和政策内涵的议题由此而生，如知识产权保护是否促进了一国的技术创新，相关作用机制在不同国家间是否存在差异等。更深入地看，各国发展阶段的异质性与制度选择之间存在怎样的内生关联？是否有必要在全球范围内推行更为严格的知识产权保护？为回答这些问题，本书将研究视角聚焦于考察开放经济条件下知识产权保护制度与技术创新之间的作用机理，并检验这种机制在发达国家和发展中国家间是否存在差异以及造成这种差异的原因。我们期待本书有助于深入理解全球技术进步过程中知识产权保护制度的演进过程，尤其为发展中国家产业技术升级所亟须解决的制度问题提供理论支撑和相应政策、措施调整的建议。

纵观国内外已有的相关研究，我们注意到，理论模型提出的“最优知识产权假说”并未被经验数据所证实。然而正如 Park(2008a)指出，尽管现有经验研究未能观察到知识产权与技术创新之间的非线性关联，但这并不能否认“最优知识产权保护”所强调的过强知识产权保护损害技术创新的观点。可能是受知识产权测度指标的限制，已有研究样本普遍停留于相对较早的年份，当时的知识产权保护力度均低于理论模型所预示的“最优”水平。因此，亟须采用近期数据展开更为精量化的研究，为深入理解知识产权保护对技术创新的影响机制提供新的经验。

7.2　模型设定与数据说明

7.2.1　开放条件下的制度与技术创新

知识产权保护通过对创新者给予激励而有利于技术创新水平的提升，但给予创新者垄断权力的同时也限制了知识的传播与外溢，对知识的过分垄断使社会的知识资源配置失效，特别是对创新能力不足、模仿能力较低的国家或区域来说，知识产权保护水平的提高不但无法提升创新能力，反而会抑制模仿。因此，知识产权保护与技术创新之间的关系是一个复杂的问题，还取决于一个国家的环境，如宏观经济稳定、人力资本水平、市场开放程度、人力资本和基础设施。为了寻找对外开放、中国现有知识产权保护水平与技术创新之间的关系，本章采用我国省际面板数据进行实证研究。

就经济增长方式而言，有粗放型和集约型之分；从增长路径看，经济增长有外延型和内涵型之别。粗放型增长主要依赖生产要素投入的增加，具有低质低效的特征；集约型增长主要依赖生产要素效率的提高，具有高质高效的特征。随着经济发展水平的提高，经济增长固然需要投入的增加，但提高要素投入的效率更为重要。经济增长的现实也表明，技术进步是提高要素效率的重要前提，其在经济增长中的贡献越来越大。从经济增长路径看，经济增长总是表现为产品数量的增长，这就需要分析生产要素的投入量和效率对产出的影响。经济增长所依赖的生产能力提高可以通过两种方式达到：一是外延型，即通过铺新摊子、上新项目来扩大生产能力；二是内涵型，即提高原生产场所的生产能力。外延型增长与内涵型增长都可以在生产率提高或不变的两种情况下实现，但外延型增长无疑要占用更多的资源。关注经济增长的质量和内容，必须考虑到资源的有限性，处理好投入和产出的关系。马克思曾指出："随着大工业的发展，现实财富的创造较少地取决于劳动时间和已耗费的劳动量……，相反地却取决于一般的科学水平和技术进步，或者说取决于科学在生产上的应用。"这是马克思对科学技术和创新对经济增长方式影响的深刻理解和科学预言。

实际上，通过对比二战前后的各个主要发达国家经济增长方式的变化，我们可以清晰地看到现代科学技术对经济增长方式的巨大影响。二战之前，各国的经济增长方式主要是依赖于大量生产要素投入的粗放型的增长，这种增长方式虽然同样可以带来物质商品的大量增加，但是是以自然资源和普通劳动力的大量投入为前提。这种依靠大量的资源投入的生产方式是难以持续的。已经有不少学者认为,二战是由于当时的各个主要资本主义国家的粗放式的经济增长方式所导致的。后起的资本主义国家所拥有的资源难以持续满足其未来对资源的需求,为了争夺用于经济增长的各种自然资源,后起的资本主义国家必须通过战争掠夺资源的方式来保证其经济增长。而二战之后,当初那些后起的资本主义国家(如日本、德国以及意大利等)不仅没有能够通过战争来保证经济增长,反而使得自身的经济陷入了非常困难的境地。二战给人们的一个重要启示是通过战争掠夺资源来维持自身经济增长的发展方式是行不通的,这就促使了各国不得不从改变经济增长方式的角度来思考本国经济发展战略。事实已经表明,那些战败的国家(如日本和德国)最为积极的思考经济增长方式的转变,他们在引进国外技术的同时也积极的消化吸收并创新,因而他们也成为经济增长方式转型最为成功的国家。日本和德国在战后通过大力发展教育、大量地投入资金进行技术研发等有利于创新的政策实现了技术的快速进步,进而也实现了经济的快速发展。上个世纪 80 年代以来,以电子、通讯、生物、新能源、新材料等为代表的高新技术成为推动全球经济增长的重要推动力,高新技术产业在世界经济中的比重快速增加。由于高新技术产业需要进行大量的研发经费投入,因此为了能够在高技术产业取得优势,各国政府和企业增加了研发经费投入。

虽然自改革开放以来,我国在促进技术创新方面做了大量的工作,稳步推进了科技体制改革,知识产权事业也经历了从起步到不断完善的过程,但是仍然存在许多问题。在许多产业,我国企业都没有掌握核心的技术,只能停留在组装加工阶段而无法获取高端利润,自主创新能力严重不足。在技术引进时不但存在盲目重复的现象,而且不注意引进后的消化吸收;在被控侵权后没有足够的谈判筹码,从而不得不向国外厂商支付大笔的技术使用费。因此,关于知识产权与技术创新作用机理的研究,既是技术创新研究中重要的理论问题,也是新兴经济法学的焦点之一。加强这方面的研究对促进技术创新能力和完善各种产权制度有着十分重要的现实意义。

20 世纪 80 年代中期,以 Romer、Grossman 和 Helpman,Aghion 和 Howitt 等为代表的内生增长模型通过对新古典增长模型中技术进步即“Solow 余值”进行进一步的内生化处理,认为技术进步是经济增长的最终源泉,而技术进步是由各种内生因素决定的,技术和知识的增长源于单独的研究开发(R&D)部门。自主创新和对外界技术的引进、模仿及学习是技术进步的两个重要来源。Coe 和 Helpman(1995)基于 Grossman 和 Helpman(1991)的“创新驱动”增长理论模型,首次实证考察了进口贸易对国际技术溢出和全要素生产率(TFP)增长的影响。在他们的分析框架中,通过使用双边进口份额作为权重来构造国外 R&D

存量，分析了贸易伙伴国的 R&D 通过进口贸易这一国际技术外溢渠道影响了本国的技术进步。由于知识的创新和积累才是经济增长的来源，而知识所具有的非排他性和非竞争性的特性，使得一个有效的知识产权保护制度成为奖励成功的创新者、激励未来的创新者进而促进新知识产生和经济增长的重要制度安排。Grossman 和 Helpman(1991)认为，对知识产权保护的主要目的是为鼓励知识创新、增加知识存量，从而促进经济增长和提高社会福利水平。

但是过强的知识产权保护会使得技术创新者获得过强的垄断地位或过长的专利保护长度而减弱了竞争程度，使得垄断的成本超过了因保护创新所带来的贡献，反而降低了技术创新率，影响长期的经济增长。Sergerstrom(1990)构建了一个动态的一般均衡模型，在这个模型里，R&D 活动受到专利保护长度的影响，增加专利保护长度可能会增加也可能会减少 R&D 活动。Helpman(1993)提出了一个关于创新、模仿和知识产权保护的经济增长的理论模型，在模型中他得出了实行强的知识产权保护提高了发达国家的贸易条件，而恶化了不发达国家的贸易条件，使发展中国家的经济遭到损失。因此很多发展中国家认为，在乌拉圭回合中签署的《与贸易相关的知识产权保护协议》(TRIPS)牺牲发展中国家利益而使发达国家受益，很多发展中国家正积极推进在新一轮的谈判中对 TRIPS 条款进行修改的议程。

而另有一些学者认为，发展中国家加强知识产权保护不仅有利于吸引更多的 FDI 同时也有利于激励自主创新。Mansfield(1994)通过对美国 6 个制造业中 100 家主要企业的统计调查发现，如果一个国家的知识产权保护强度较弱会阻碍美国企业对其进行 FDI 或联合投资，对于研发部门影响更大。另外，Mansfield 还研究了不同行业的 FDI 和知识产权的关系，发现行业不同对知识产权要求也不同，对于技术含量较低或者难以模仿的行业，对知识产权的保护较低，而对于易模仿的产品和技术，对知识产权保护的要求相对较高。Markus 和 Penubarti(1995)发现东道国加强知识产权保护有利于 FDI 流入，对进口贸易也有正面的影响。Diwan 和 Rodrik(1991)从技术适应性角度提出发达国家研发的新技术适合其本国的技术需要，而这些新技术从技术适应性上并不一定适应发展中国家，因而发展中国家应该加强知识产权保护，激励自主创新并研发适应其自己需要的技术。如果发展中国家缺乏知识产权保护，发达国家为保护其创新成果不被模仿，会进行保护性研发，从而降低发展中国家研发效率和革新率(Yang 和 Maskus，2001)。国内学者杨全发、韩樱(2006)通过构建三方参与的两阶段动态博弈模型得出，东道国适度的知识产权保护政策，不仅能够增加 FDI 的流入量，而且可以引进较为先进的技术。

7.2.2 实证模型设定与数据说明

7.2.2.1 对外开放、知识产权保护与技术创新的实证模型

假定土地、资本和劳动是最终产品生产部门的三种重要投入要素。新古典经济增长理论强调劳动力与资本在最终生产过程中的重要性，且劳动力和资本存在一定的可替代性。本书假定如下的生产函数形式：

$$Y_{it} = A_{it} K_{it}^{\alpha} L_{it}^{\beta} \tag{7.1}$$

其中：Y_{it}、K_{it}、L_{it} 分别代表地区 i 在时间 t 的总产出、资本、劳动力投入，α、β 分别为资本、劳动的产出弹性。A_{it} 为全要素生产率，是地区 i 在时间 t 的生产技术水平，即技术创新能力，由一国或地区已有的技术能力和可获取的技术资源决定，而技术资源包括外部技术资源(F)和内部技术资源(D)，内部技术投入和外部技术外溢都会对一国的技术创新能力产生影响，因此一国或地区对应的生产技术水平由下式决定：

$$A_{it} = \theta D_{it}^{\rho} F_{it}^{\sigma} \tag{7.2}$$

其中 θ 为整合内、外部资源的能力。技术能力来源于知识的积累，知识资本是长期经济增长的发动机和引擎(Romer，1990)。内部研发人员(Dhum)与研发资本(Dcap)投入是内部知识创造的两个重要因素，投入越多知识积累越多、技术创新能力越强；而对于开放经济，特别是对于发展中国家来说，FDI($Ffdi$)、国际贸易($Ftra$)等国际技术转移方式还通过水平效应与垂直效应作用于发展中国家。因此，从先进国家获取知识外溢效应，"以市场换技术"等途径就成了发展中国家特别是中国促进产业进步与经济发展的必要方式与途径之一。

如前所述，知识产权保护(IPR)通过给予创新者产权的法律保护而增加垄断预期，激励企业更多的创新投入与创新努力，比如给员工培训等，使研发资源能发挥更有效的作用。知识产权保护还能影响国际技术转移的知识溢出作用，改变FDI以及国际贸易等技术转移方式对东道国技术创新能力的作用大小。故考虑了内部投入、外部知识溢出效应及知识产权保护后，一国的技术创新能力决定函数变为如下形式：

$$A_{it} = \theta Dhum_{it}^{\rho_1} Dcap_{it}^{\rho_2} Ffdi_{it}^{\rho_3} Ftra_{it}^{\rho_4} IPR_{it}^{\rho_5} \tag{7.3}$$

对上式两边求对数，得到估计知识产权保护、FDI与技术创新的基本模型：

$$\begin{aligned} \ln A_{it} = & \ln\theta + \rho_1 \ln Dhum_{it} + \rho_2 \ln Dcap_{it} + \rho_3 \ln Ffdi_{it} \\ & + \rho_4 \ln Ftra_{it} + \rho_5 \ln IPR_{it} + \varphi_i + \upsilon_t + \varepsilon_{it} \end{aligned} \tag{7.4}$$

其中 φ、υ 分别为区域、时期虚拟变量，以将受区域、时间影响的其他固定效

应从随机误差项中剔除，ε 为随机扰动项。

为了区分知识产权保护对技术创新的直接激励作用和国际技术转移溢出效应的影响，本章还在方程(7.4)中引入 FDI、国际贸易、技术许可与知识产权保护的交叉项，以考察 FDI、国际贸易、技术许可的技术创新作用是否受知识产权保护水平的影响，得到估计模型(7.5)：

$$\ln A_{it} = \ln\theta + \rho_1 \ln Dhum_{it} + \rho_2 \ln Dcap_{it} + \rho_3 \ln Ffdi_{it} + \rho_4 \ln Ftra_{it} + \rho_5 \ln IPR_{it} + \rho_6 \ln Ffdi_{it} \times \ln IPR_{it} + \rho_7 \ln Ftra_{it} \times \ln IPR_{it} + \varphi_i + \upsilon_t + \varepsilon_{it} \quad (7.5)$$

7.2.2.2　数据来源及变量选取

数据为 1995—2007 年中国 28 个省市区的平衡面板数据①，2005 年前的 GDP、工业总产值、年末从业人数、固定形成额、投资价格指数、FDI、国际贸易、居民消费价格指数、专利授权量数据来源于《新中国五十五年统计资料汇编》，2005—2007 年的相关数据来源于《中国统计年鉴》。研发人员、研发开支、技术许可费用相关数据来源于科技部的《中国主要科技指标数据库》。

技术创新能力(A)的常用度量指标主要有以下几种：(1)产出法，如劳动生产率等；(2)投入法，如人均资本密度等；(3)全要素生产率(TFP)。为了使估计更可靠，估计结果不受指标选取的限制，本书同时选取人均资本密度、劳动生产率和全要素生产率三个指标来度量技术创新能力。劳动生产率 $A_1 = Y_{it}/L_{it}$，人均资本密度 $A_2 = K_{it}/L_{it}$，全要素生产率 A_3 即式(7.2)中的 A_{it}，对数化后的形式为：$\ln A_{it} = \ln Y_{it} - \alpha\ln K_{it} - \beta\ln L_{it}$。

总产出 Y：各省市区 1995—2007 年经济总量，用 1978 年不变价实际 GDP(亿元)表示。

劳动投入 L：各省市区 1995—2007 年年末从业人员平均人数(亿人)。

资本投入 K：固定资本存量，参照张军(2004)的测算方法而得。基本运算方法为永续盘存法，以 1952 年为基期。当年投资指标采用固定资本形成总额，并用投资价格指数进行调整；投资价格指数=(当年固定资本形成总额(当年价)/当年投资隐含平减指数(1952=1))/1952 年固定资本形成总额；各省市区初始资本存量由各省市区 1952 年固定资本形成总额除以 10%确定；折旧率采用代表几何效率递减的余额折旧法，即 $d_\tau = (1-\delta)^\tau$，其中 d_τ 采用 4%，代表资本品的相对效率，τ 代表时期，计算出的 δ 即永续盘存法中所用到的折旧率。

研发人员投入(*Dhum*)：由于各省科技活动人员数 2000 才进行统计，故 2000 年及以后的研发人员投入用科技活动人员(万人)表示，2000 年前各省研发

① 西藏、海南由于数据缺失未计入样本，1996 年以后重庆的数据并入四川。

人员投入用全国县级以上政府部门研究与开发机构及情报文献机构人员数(万人)代替。

研发资金投入(*Dcap*):由于只能获得各省市区 2000 年以后的 R&D 经费统计数据,为了数据的统一性,用地方财政科技拨款(亿元)作为研发资金投入的代理变量,并按居民消费物价指数折算为 1978 年不变价。

外商直接投资(*Ffdi*):各省市区实际利用外资额(亿美元),利用当年平均汇率折算为人民币,并按 1978 年可比价格进行换算。

国际贸易(*Ftra*):货物进出口贸易总额(亿美元),根据当年平均汇率折算为人民币,并按居民消费物价指数折算为 1978 年不变价。

知识产权保护(*IPR*):知识产权保护指数一般从知识产权立法与专利产出两个方面考虑。由于专利是知识产权保护的重要对象,对知识产权保护立法方面的度量则一般选取与专利相关的静态指标,如 Rapp 和 Rozek(1990)、Ginarte 和 Park(1997)、Walter(2008)从专利保护期限、保护范围等角度出发,以国家为视角,构建了世界上使用最广泛的知识产权保护指数。其他一些学者的度量方式则考虑了执法过程,如 Markus 和 Penubarti(1995)、Javorcik(2004)、韩玉雄和李怀祖(2004)、许春明和单晓光(2008)等。而对于国家内部知识产权保护水平的度量,由于制度的统一性无法采用上述基于国家的度量方式,执法过程的度量又带有较多的主观性,故常用的一些客观度量方法有专利申请量、人均专利申请量、专利授权量、人均专利授权量等,国内大部分学者的研究均采用这些指标。由于专利授权量代表实际受法律保护的程度,比专利申请量更接近知识产权保护的实际程度,故本书选用各省市区专利授权量作为知识产权保护的代理变量。

首先对进入模型的相关变量进行统计性分析。结果显示:以人均资本密集度度量的技术创新能力高于以劳动生产率度量的技术创新能力;以全要素生产率度量的技术创新能力最低,但标准误最小,相对较稳定。在样本时期内知识产权保护的稳定度高于外商直接投资。2009 年国务院共批复了 7 个上升为国家战略的区域发展规划,意味着我国经济发展区域的调整,以便调整经济发展结构维持经济长期增长。为对技术创新能力、FDI、知识产权保护进行区域比较,本书根据新的调整将我国划分为以下八个经济区域:长三角(江苏、浙江、上海)、珠三角(广东)、北部湾[①](云南、贵州、广西)、环渤海(北京、天津、河北、山东)、海峡西岸(福建)、东北三省(黑龙江、吉林、辽宁)、中部(山西、安徽、江西、河南、湖北和湖南)和西部(四川、陕西、甘肃、宁夏、青海、新疆、内蒙古)。

---

① 云南、贵州、海南处于广西附近,广西北部湾区域是这些地区开放贸易的主要通道,因此归入北部湾地区。

由表 7.1 的描述性统计结果可知：以人均资本密集度和劳动生产率度量的平均技术创新能力相对较高的区域是长三角、环渤海、海峡两岸和东北三省；以全要素生产率度量的平均技术创新能力相对较高的区域分别是东北三省、海峡两岸和中部；度量指标选取的不同对区域创新能力的分析产生了一定的影响。因此，下文同时对三种度量指标进行计量分析，以便获得稳健的结果。从每年的平均技术创新能力来看，以人均资本密集度和劳动生产率度量的技术创新能力基本上呈逐年递增趋势；而以全要素生产率来表示时，前期基本呈下降趋势，从 2003 年开始才不断上升。

知识产权保护和外商直接投资水平相对较高的区域是长三角、环渤海和海峡两岸，最低的区域是西部。从时间变化趋势来看，知识产权保护与外商直接投资在 1995—2007 年间除中间有小部分波动外基本呈上升形势，我国制定的包括减税等各种优惠政策吸引了大量外资的进入，内部及外部压力迫使我国从立法及执法角度都一定程度提高了知识产权保护水平，知识产权保护水平的提高也对外资的进入起到了一定推进作用。

表 7.1　变量的统计描述

全样本各变量的描述性统计

	lnA1	lnA2	lnA3	lnIPR	lnFfdi	lnDhum	lnDcap	lnFtra
均值	−0.9991	−0.1069	−2.1217	7.4932	2.6434	1.6921	0.3362	4.6982
标准误	0.6490	0.8528	0.2987	1.2753	1.6172	1.1161	1.0115	1.6949
最小值	−2.4256	−2.1826	−3.0309	3.7612	−1.3782	−1.0595	−2.4062	0.64991
最大值	0.8523	2.1171	−1.2664	10.9413	5.6877	3.8042	3.0336	9.0359

按区域和时间划分的各变量平均值

	lnA1	lnA2	lnA3	lnIPR	lnFfdi	lnDhum	lnDcap	lnFtra
长三角	−0.3581	0.7747	−2.2617	8.8581	4.4145	2.4629	1.1419	6.8365
珠三角	−1.6098	−0.8438	−2.1651	6.9785	2.1636	1.1921	−0.0449	3.9354
环渤海	−0.4877	0.6959	−2.2746	8.2631	3.7901	2.3014	0.8229	6.0540
海峡两岸	−0.5828	−0.3809	−1.4665	8.0560	4.4509	1.1821	0.6696	6.2229
中部	−1.2866	−0.5384	−2.1232	7.3839	2.6371	1.8111	0.1451	4.1049
西部	−1.2436	−0.2467	−2.1462	6.3211	0.8823	1.0660	−0.4861	3.2483
北部湾	−1.7265	−0.9687	−2.1570	6.8015	1.4817	1.0353	0.0550	3.5165
东北三省	−0.7092	−0.0169	−1.8870	7.7937	3.1466	1.8950	0.6944	4.8476
1995	−1.5446	−0.8058	−2.0654	6.7778	2.3839	0.9047	−0.531	4.202
1996	−1.4626	−0.6903	−2.0836	6.7361	2.3552	0.8851	−0.4069	4.0593
1997	−1.3920	−0.5810	−2.1076	6.8212	2.4532	0.8654	−0.2506	4.0944

续表

按区域和时间划分的各变量平均值

	lnA1	lnA2	lnA3	lnIPR	lnFfdi	lnDhum	lnDcap	lnFtra
1998	−1.3094	−0.4548	−2.1320	7.0712	2.4235	0.8322	−0.1296	4.0853
1999	−1.2424	−0.3429	−2.1607	7.4859	2.3046	0.7179	0.0878	4.1632
2000	−1.1586	−0.2416	−2.1648	7.5179	2.3944	2.1454	0.2377	4.4301
2001	−1.0755	−0.1331	−2.1747	7.5129	2.4267	2.1276	0.3667	4.4924
2002	−0.9858	−0.0294	−2.1757	7.5357	2.6031	2.1746	0.4879	4.6486
2003	−0.8792	0.0888	−2.1725	7.7675	2.7304	2.1589	0.5699	4.9596
2004	−0.7551	0.2093	−2.1545	7.7849	2.8092	2.1725	0.6620	5.2401
2005	−0.5051	0.4002	−2.0610	7.8658	2.8817	2.2573	0.8665	5.3779
2006	−0.3481	0.5556	−2.0369	8.1196	3.0664	2.3389	1.0694	5.5804
2007	−0.3307	0.6344	−2.0925	8.4144	3.5316	2.4173	1.3410	5.7430

7.2.2.3 基于跨国数据检验知识产权保护对技术创新促进作用的实证模型

基于经典知识生产函数的分析框架，宏观层面技术创新首先取决于一国知识函数的要素投入，同时也取决于国内外经济、制度环境等一系列控制变量的影响：

$$\ln I_{it} = \beta Input_{it} + \delta X_{it} + \varepsilon \tag{7.6}$$

其中，*Input* 代表是一国技术创新的研发要素投入，包括研发的经费投入(*RD*)和研发所需的人力资本要素投入(*RE*)，系数 β 反映了要素投入对创新产出的边际贡献。*X* 是除研发要素投入以外影响技术创新的一组控制变量，涵盖如下三个方面：

一是开放经济的影响。技术创新能力衡量作为各国国际竞争优势的关键因素之一决定着一国参与全球价值链分工的高度与深度，在开放经济条件下，各国有充分的动机进行研发投入、改进生产工艺、完善产品性能以满足市场需求、抢占全球价值链分工制高点以获取更高的市场利得；同时开放经济带来的国际技术扩散也深刻地影响了各国技术进步的模式，比如外商投资、国际贸易等都可能通过技术溢出促进本土企业技术创新。本书考虑国际技术溢出最主要的两项途径，即外商直接投资(*FDI*)和进口贸易(*IM*)，来控制开放经济对一国技术创新的影响①。

二是国内经济环境的影响。综合考虑相关文献成果和跨国数据的可得性与

① 研究过程中，我们还曾考察了出口贸易变量对技术创新的影响，但相关指标在所有估计中均不显著。Maskus 和 Mattias(2007)亦指出出口贸易对技术创新的影响并不明显。

可比性，选取了三项指标。其一是一国的市场规模效益(MS)。市场的有效需求是技术创新最重要的驱动因素之一，创新的动因和可持续性无不依赖于市场对新产品的需求与购买能力。其二是基础设施情况(INF)。基础设施建设无疑为全社会的知识和技术的传播提供了必要的媒介与平台，研发效率的提高亦离不开电力通讯、信息技术网络等基础设施的硬件支撑。其三是金融支持的力度(FIN)。新技术的研发往往需要资金与人力的长期投入，短期内经济效益难以显现，所以技术创新往往需要通过外部融资提供资金支持以支付初始研发的高额沉没成本。

最后，我们考察一国制度因素的影响。制度作为一种超市场力量对技术创新的影响机制是复杂的，本书主要从三方面来控制制度变量的影响。第一、是一国的法律与政治环境(LP)。政治环境的公正、透明保障了资源的有效配置，若权力寻租蔓延到科学技术研究领域，并左右甚至决定一国技术研发资金的使用，将严重挫伤技术创新的积极性与效率。第二、是产权保护力度，具体又分为有形资产产权保护(PPR)和知识产权保护程度(IPR)。第三是技术创新是在特定产权制度背景下，根据利润最大化决策开展技术研发行为的结果，因此产权制度既涉及研发资源的配置，又影响技术创新主体的激励机制。

在模型估计的过程中，还需要考虑那些影响技术创新水平却难被量化的因素，如各国要素禀赋结构差异、特殊的区位优势、政治环境变化等，这些非观测效应应包含在模型的 ε 中。虽然大部分非观测效应在样本期间内基本上保持不变，但某些非观测因素与影响一国的创新决策的其他因素间存在内在关联，因此需要在模型估计过程中对这些非观测效应予以控制。鉴于此，加入区域虚拟变量 D_j 对不随时间变化的地域非观测效应进行控制①，另外模型中还包括了时间虚拟变量 D_t 用于控制那些遗漏的随时间变化的政策变量，诸如金融危机等全球性经济气候变化带来的影响②。最终得到本章的基本结构方程：

$$\ln I_{it} = \alpha + \beta Input_{it} + \delta X_{it} + D_j + D_t + v_{it} \tag{7.7}$$

知识产权制度是各国综合权衡自身产业发展的短期与长期利益来制定的。事实上，一个理性的政府将根据全球经济环境并结合自身经济发展情况，在鼓励知识、技术传播和刺激本土企业自主研发间权衡，选择最优的知识产权保护力度，以实现产业技术水平的快速提升，促进其经济的高速发展，因此知识产权力

① 根据国际产权联盟(Property Right Alliance)的划分标准，综合各国所在地域和经济发展状况将样本划分为七大区域：非洲、东南亚与大洋洲、中东欧与东亚、拉丁美洲与加勒比地区、中东与北非、北美洲、西欧。估计中以非洲作为参照组。

② 后文的实证研究中将辅以 Wald 检验确定区域和时间虚拟变量的联合有效性。

度应是内生于一国经济发展状况的。而在以往的相关文献中，知识产权制度的内生性往往被忽略，被作为外生变量直接放入模型（如 Ginarte 和 Park，1997），这导致估计参数的偏误，影响了实证研究结论的可靠性。

本书引入知识保护力度的内生决定函数，考虑了一国人力资本状况（HC）、经济发展水平（$GDPC$）、贸易开放度（$OPEN$）和是否加入 WTO（WTO）等变量对知识产权制度决策的影响。Chen 和 Puttitanun（2005）提出了知识产权保护力度与一国经济发展状况间呈现 U 型关联的假说。通过构建两部门经济增长模型推导稳态均衡解，证明了若一国初始经济发展水平相对落后，则该国选择技术模仿而非创新的方式更有利于该国实现早期技术能力的提升，因此处在经济发展初级阶段的国家更倾向于更宽松的产权保护政策；然而一旦该国技术存量水平超过特定的门槛值，最优知识产权保护的力度随之上升。Eicher 和 Cecilia（2008）等之后一系列研究亦得到类似的结论。因此，本书在知识产权力度的决定方程中加入了经济发展水平的平方项以刻画这种可能的 U 型关联：

$$IPR_{it} = \varphi + \gamma_1 HC_{it} + \gamma_2 GDPC_{it} + \gamma_3 GDPC_{it}^{\ 2} + \gamma_4 OPEN_{it} + \gamma_5 WTO + \rho_{it} \tag{7.8}$$

在实证估计中通过引入模型(7.8)采用二阶段最小二乘估计方法控制知识生产函数中可能存在的内生性问题。

另外，模型(7.7)中外商直接投资变量（FDI）可能存在“识别”问题，因为外资企业倾向于选择经济发展具有一定基础的地区进行投资，同时外资的进入会影响该地区的生产技术水平。这种变量在模型中的联合决定（Simultaneity）所带来的内生性问题同样可能造成估计结果的非一致性。对此本书根据 Wei 和 Liu（2006）的做法，采用滞后一期的外资变量（$FDI_{i(t-1)}$）控制联合内生性所带来的影响。

7.2.2.4 数据来源与变量选取

除制度因素的各项指标来自国际产权联盟 2007—2010 年逐年发布的《国际产权指数报告》外，本书其余数据均来自世界银行数据库、OECD 数据库和国际贸易中心数据库。为充分利用数据信息，若某国某一指标仅存在一年的缺失，采用平滑递推法补全；如数据缺失超过一年，则删除该样本。最终得到 27 个发达国家和 57 个发展中国家 2006—2008 年的面板数据[①]。具体指标变量描述如下：

技术创新水平的度量往往分为研发资源的投入与创新成果的产出两种角

① 依照国际货币基金组织对“发达国家”与“发展中国家”的定义与划分方式。

度。从资源投入角度，科研经费、科研人员绝对规模或相对规模是较常用的度量企业创新水平的指标。然而，李平等(2007)指出，技术创新最终转化取决于资源投入与资源使用效率，是多种资源、要素不同配置过程的最终体现，创新主体的内部机制、外部环境等均会影响技术创新效率。因此，从产出的角度采用专利申请数、新产品销售收入、新产品开发项目数等能更好的体现技术创新行为的结果。尽管部分学者认为采用专利来衡量技术创新将不可避免的面临由于不同地区经济发展程度、资源禀赋或文化差异等带来的估计偏差，并建议采用新产品产出的相关指标度量技术创新(吴延兵，2008b)。但针对跨国数据的经验研究而言，新产品指标往往存在重复计算的问题，而专利申请数无疑是衡量国家层面技术创新水平最可行且最具可比性的指标(Furman 等，2002)。因此，本书采用各国每年居民专利申请数反映一国的技术创新水平。

制度因素的度量指标采用国际产权联盟提供的国际产权指数(International Property Rights Index，*IPRI*)。*IPRI* 由三大类指标、十小类分指标综合加权得到。综合反映了一国法律与政治环境(*LP*)、有形资产产权保护(*PPR*)和知识产权保护(*IPR*)的程度。其中子指标司法独立性、法律法规执行力、政治稳定度和腐败程度用来综合反映一国的法律和政治环境(*LP*)；有形资产产权保护力度，产权注册难易度、贷款途径用于度量有形资产产权保护(*PPR*)；知识产权保护力度、专利法强度和版权盗用情况则体现一国知识产权保护(*IPR*)。最后通过加权平均得到各国的产权指数(*IPRI*)的数值与排名。根据各指标统一的评级细则将十类子指标标准化为 0 到 10 的不同等级，其中 10 代表一国最有效的产权保护程度，0 代表一个国家不存在产权保护。

表 7.2　主要变量的统计性描述

	发达国家 Obs=81				发展中国家 Obs=171			
	均值	标准差	最小值	最大值	均值	标准差	最小值	最大值
Innovation	30462	78349	15	347060	3896.3	21173	3	194579
IPRI	7.53	0.85	5.6	8.7	4.81	1.05	2.2	6.9
LP	7.56	1.03	4.9	8.9	4.47	1.32	1.5	7.5
PPR	7.45	1.06	4.5	9	5.53	1.05	2.5	7.4
IPR	7.58	0.86	5.2	8.8	4.43	1.26	1.7	7.4
RD(%)	2.19	0.96	0.49	4.74	0.55	0.42	0.02	1.8
RE	41.71	16.30	14.07	79.62	7.86	8.89	0.21	37

续表

	发达国家 Obs=81				发展中国家 Obs=171			
	均值	标准差	最小值	最大值	均值	标准差	最小值	最大值
IM(%)	11.89	8.18	3.98	41.76	9.92	7.74	2.64	45.44
FDI(%)	16.57	58.51	−7.43	387.01	5.99	6.72	−14.37	52.13
MS(%)	73.59	9.69	46.74	92.21	78.82	14.12	35.11	113.89
INF	64.30	19.06	3.69	90.00	23.89	27.24	0.29	66.24
FIN(%)	151.61	60.70	68.97	310	63.17	49.14	4.78	285.96
HC(%)	86.26	13.94	30	99.45	63.90	22.19	11.12	95.1
GDPC(%)	27.89	9.92	11.26	56.36	4.16	4.31	0.16	24
OPEN(%)	119.89	104.35	28.35	456.65	90.14	41.19	25.82	211.23

对于控制变量测度指标的选取，为确保各国数据的可比性，在数据可得的情况下本书倾向于采用既定指标的占比数据。具体指标选取如下：研发投入（*RD*）采用一国研发经费支出占 GDP 的比重来衡量，科研人员投入（*RE*）采用每万人中研发人员数来衡量。同时纳入进口（*IM*）与外商直接投资（*FDI*）作为开放经济的衡量指标，前者采用信息与通信技术产品进口占总进口价值的比重来测度①，后者采用各国 FDI 净流入量占 GDP 的比重来测度，市场规模（*MS*）采用最终产品消费占 GDP 比重来衡量，基础设施状况（*INF*）由每百人中网络使用人数来度量，金融支持力度（*FIN*）采用由各国年均累计金融贷款占 GDP 的比重衡量，而知识产权保护决定方程中的人力资本（*HC*）由该国中级教育净入学率衡量，经济发展水平（*GDPC*）采用每资本 GDP 来反映；贸易开放度（*OPEN*）采用进出口占 GDP 的比重来测算。

从表 7.2 可以看出，以专利申请量衡量的技术创新指标反映了发达国家在技术创新能力上所具有绝对的优势。尽管近年来发展中国家技术创新能力正以较快的增速提高，但发展中国家 2006 至 2008 年专利申请的均值仍仅为发达国家的十分之一。通常来说，发达国家更强调产品质量的差异化竞争，主要通过技术自主创新和品牌运作来实现产业发展；而发展中国家则往往利用劳动密集型的规模经济优势实现物美价廉的代工生产，技术创新更多的体现在生产工艺的改进上，核心技术的外向型依赖明显。这种经济结构和技术进步模式的差异使

① Almeida 和 Fernandes(2008)指出原材料或初级产品的进口与技术创新间并不存在显著的经济学关联，因此文献通常倾向于采用拥有技术含量产品的进口数据。

得国际上大部分的创新源自发达国家(王华等,2010)。因此不难理解发达国家不但自身具有更严格的知识产权保护制度,更具有在全球推广更严格的知识产权保护的强烈诉求,这从表 7.2 中与产权相关的国际产权指数及其三项分指标的统计结果中可略窥一斑:发达国家国际产权指数的平均值($IPRI$)显著地高于发展中国家,且样本标准差小于发展中国家,表明不同发达国家的产权保护力度相当;与 2006—2008 年同期发展中国家分指标法律与政治环境指数(LP)、有形资产产权保护指数(PPR)和知识产权保护指数(IPR)的均值 4.47、5.53、4.43 相比,发达国家在三类分指标均要高出许多,分别为 7.56、7.45、7.58。除制度因素外,发达国家无论是在要素投入、对外开放程度还是国内经济环境方面都显著优于发展中国家。尤其在研发经费投入(RD)、研发人员(RE)、金融支持力度(FIN)和基础设施(INF)等指标上,发达国家较之发展中国家的优势更加明显。

7.3　对外开放、知识产权保护与技术创新的实证结论与分析

表 7.3 是知识产权影响技术创新的全样本估计结果。技术创新能力指标分别采用三种度量形式:劳动生产率、人均资本密度、全要素生产率。为单独考查知识产权保护与技术创新之间的关系,本表只考虑内部知识积累要素(研发人员投入与研发资金投入),相当于在一个封闭经济体中,在没有外部知识溢出的情况下,考虑我国知识产权保护水平的变化是否促进了技术创新能力的提升。

对于平衡面板数据的估计,常用的方法有随机效应与固定效应,一般用 Hausman 检验来确定估计方法,为了对估计结果进行比较,本书同时给出随机效应及固定效应估计结果。所有方程均纳入区域及时间虚拟变量,区域虚拟变量以新疆维吾尔自治区为基期,时期虚拟变量以 1995 年为基期。

只考虑内部知识积累的估计结果显示:研发人员对技术创新能力的作用为负,且在以劳动生产率和全要素生产率为技术创新指标的方程中通过了显著性检验,但在以人均资本密集度为技术创新度量指标的方程中没有通过显著性检验,说明研发人员对技术创新的负向作用不具有稳健性,受所选指标的影响,说明现今我国研发人员的投入并不能促进技术创新能力的提升,这可能是因为我国人力资本水平相对较低,人员的积累并不代表人员素质的提高。估计结果表明研发资金投入是技术创新的主要动力,在劳动生产率、全要素生产率、人均资本密集度三种技术创新度量指标的方程中都通过了显著性检验,其中以全要素生产率为度量指标的方程中研发资金投入对技术创新的贡献度最大。

表 7.3　知识产权保护影响技术创新的回归结果(全样本)

变　量	lnA1(劳动生产率)		lnA2(人均资本密度)		lnA3(全要素生产率)	
	FE	RE	FE	RE	FE	RE
ln*Dhum*	−0.0384** (0.0188)	−0.0384** (0.0188)	−0.0153 (0.0206)	−0.0153 (0.0206)	−0.0600*** (0.0178)	−0.0600*** (0.0178)
ln*Dcap*	0.0364** (0.0182)	0.0364** (0.0182)	0.0559* (0.0312)	0.0559* (0.0312)	0.0713*** (0.0261)	0.0713*** (0.0660)
ln*IPR*	0.0049 (0.0293)	0.0049 (0.0293)	0.0154 (0.0300)	0.0154 (0.0300)	−0.0006 (0.0292)	−0.0006 (0.0292)
R2	0.9546	0.9822	0.9598	0.9883	0.3394	0.9416
F 检验值	395.38	——		——	11.75	——
Wald chi2	——	167366		58188	——	101241
Hausman	chi2(15)=0		chi2(15)=0		chi2(15)=0	
观测值	364	364	364	364	364	364

注:系数括号内为异方差稳健性标准误。*表示1%的显著性水平,**表示5%的显著性水平,***表示10%的显著性水平。所有方程均包含区域和时间虚拟变量。

值得注意的是:第一,知识产权保护对我国技术创新能力的提升并没有起到显著作用。以劳动生产率、人均资本密集度度量的方程中知识产权保护与技术创新有正向相关性;以全要素生产率为度量指标的方程却显示出这两者的负向相关性。第二,知识产权保护与技术创新的关系在三个方程中均未能通过显著性检验,意味着我国知识产权保护水平的提高并未能促进我国技术创新能力的提升,这与陈国宏对我国的研究结论一致。

上述结论不因模型估计方式的不同而有所改变。固定效应与随机效应都表明:现阶段我国研发人员投入与技术创新存在负向关系。研发资金投入是提升技术创新能力的主要因素,知识产权保护水平的强化并不能促进技术创新能力的提高。由于 Huasman 检验支持固定效应模型,故表 7.4 中加入外部知识溢出变量的全样本分析只采用固定效应进行估计。

众多研究已经表明:我国生产率水平、外商直接投资、国际贸易等各种经济行为活动都具有明显的区域差异性。东部地区由于地理及政策优势成了吸引外资的主要区域;西部地区由于经济发展基础相对较弱,国际贸易、外商直接投资、研发人员投入及研发资金投入等与东部等经济发展水平较高地区差异显著。为了考察知识产权保护对技术创新的影响是否也存在区域差异,下面,进一步从区域层面进行分组研究。

表 7.4 给出了八个经济区域技术创新能力与知识产权保护之间关系的估计结果,估计均用劳动生产率、人均资本密集度、全要素生产率三种技术创新能力度量指标。长三角、北部湾、环渤海、东北三省、中部和西部的面板估计结果显

示:第一,研发资金投入对技术创新的促进作用在所有区域分析中均通过了10%水平下的显著性检验,研发资金投入对技术创新能力的促进作用不因时间、区域的不同而有所不同。第二,研发人员投入与技术创新之间存在负向关系,我国人力资本水平总体上处于较低位置,尚未能发挥激励技术创新的作用。第三,长三角、环渤海区域知识产权保护具有增进技术创新能力的作用,强化知识产权保护水平能提高这些地区的技术创新能力,但这种作用不显著;而北部湾、东北三省、中部和西部人力资本的不足抑制了创新能力,知识产权保护水平的提高更是增加了模仿成本,抑制了知识外溢,因而,强化知识产权保护反而不利于这些区域技术创新能力的发展。

在对海峡两岸及珠三角进行时间序列估计前,先进行自相关性检验。检验结果表明具有高度自相关性,故在 STATA10.0 软件中对其系数进行调整,对应给出经过异方差调整后的标准误。珠三角和海峡两岸的时间序列估计结果显示:研发资金对珠三角和海峡两岸的技术创新具有显著的促进作用,研发资金是我国各省市区技术创新的主推动力。珠三角和海峡两岸知识产权保护有利于技术创新能力的提升,但珠三角的促进作用在三种技术创新能力度量指标下均不显著,而以人均资本密集度和全要素生产率度量的海峡两岸的技术创新能力与知识产权保护的正向关系则通过了 10%水平下的显著性检验。与中部和西部地区相比,珠三角和海峡两岸的人力资本水平相对较高,且能与生产要素较好结合,在这些地方研发人员投入对技术创新能力具有促进作用,但不显著。

表 7.4　知识产权保护影响技术创新的回归结果(分区域样本)

地区	变量	lnDhum		lnDcap		lnIPR	
长三角	lnA1	−0.0504	0.0300	0.1078***	0.0575	0.1470	0.0872
	lnA2	−0.1080***	0.0341	0.2227***	0.0604	0.0661	0.0854
	lnA3	−0.1589***	0.0149	0.2389***	0.1139	0.1121	0.0011
珠三角	lnA1	0.0434	0.0752	0.2521**	0.1200	0.0494	0.2434
	lnA2	0.1246	0.1324	0.4088*	0.2107	0.2273	0.2526
	lnA3	−0.0329	0.0244	0.2419*	0.1204	−0.1170	0.1036
环渤海	lnA1	−0.1273	0.1155	0.2417***	0.0590	0.5199***	0.1154
	lnA2	−0.1271	0.1095	0.5126***	0.0763	0.6627***	0.1097
	lnA3	−0.0492	0.0335	0.1182***	0.0447	0.4521	0.8413
海峡两岸	lnA1	0.0344	0.0273	0.0617***	0.0246	0.2406	0.05068
	lnA2	0.0602	0.0348	0.1211**	0.0576	0.2598***	0.0649
	lnA3	−0.0202**	0.0082	0.0434***	0.0206	0.0483*	0.0239

续表

地区	变量	lnDhum		lnDcap		lnIPR	
中部	lnA1	−0.0735	0.0804	0.0791	0.0563	−0.2232***	0.0746
	lnA2	−0.2589***	0.0648	0.3952***	0.1646	−0.2108***	0.0833
	lnA3	0.0947	0.0571	0.0833***	0.0382	−0.0354*	0.0207
西部	lnA1	−0.1574	0.0869	−0.0685	0.1138	−0.2456	0.0957**
	lnA2	−0.1904*	0.0936	0.1419**	0.0746	−0.0732*	0.0406
	lnA3	−0.3186***	0.0875	0.2604***	0.0868	−0.1875*	0.0900
北部湾	lnA1	−0.3464***	0.0788	0.1473***	0.0282	−0.1304***	0.0264
	lnA2	−0.1653***	0.0712	0.2227***	0.0346	−0.1084***	0.0154
	lnA3	−0.2282***	0.0798	0.1414*	0.0744	−0.1091***	0.0357
东北3省	lnA1	−0.1513	0.1614	0.1551***	0.0861	−0.2807	0.4050
	lnA2	−0.0439	0.0365	0.0848**	0.0312	−0.1303	0.3839
	lnA3	0.2283***	0.0675	0.1583***	0.0447	−0.1592	0.1713

注：*表示1%的显著性水平，**表示5%的显著性水平，***表示10%的显著性水平；所有面板数据方程均包含区域和时间虚拟变量，采用固定效应估计；每个变量对应第一列为系数，第2列为异方差稳健标准误；珠三角、海峡两岸只包含一个省市区，故进行时间序列分析。

表7.5为知识产权保护、FDI与技术创新估计结果，方程(1)、(3)、(5)将国际技术转移渠道纳入模型，以考虑外部知识获取对技术创新的影响。方程(2)、(4)、(6)引入了知识产权保护与国际技术转移的交叉项，以考查这些国际技术转移渠道通过技术外溢促进技术创新的作用是否受知识产权保护的影响。为了使估计结果更令人信服，同样对三种技术创新变量均进行了估计。

考虑了外部知识获取因素后，内部知识积累对技术创新的作用仍旧如前所述：研发人员投入对技术创新存在负向作用但受技术创新变量选取的影响；研发资金投入对技术创新的促进作用具有稳健作用。由于发达国家知识产权保护水平普遍高于发展中国家，发达国家相关公司为了控制专有产品所有权，在进行跨国投资和国际贸易过程中相当重视东道国的知识产权保护水平；发展中国家来我国投资或进行国际贸易的企业其技术水平一般也相对较高，对知识产权保护的关注度相对高于本土企业，所以外部知识获取变量的引入改变了知识产权保护对技术创新的作用。不管是用劳动生产率、人均资本密集度还是全要素生产率作为技术创新的度量指标，知识产权保护都能有效促进技术创新水平的提升。这种作用更多的是来源于技术水平较高的外资企业对内资企业的技术外溢作用，内、外资企业技术水平的提升促进了整个国家的技术创新能力。

表 7.5　知识产权保护、FDI 与技术创新(全样本)

变　量	lnA1(劳动生产率)		lnA2(人均资本密度)		lnA3(全要素生产率)	
	(1)	(2)	(3)	(4)	(5)	(6)
ln*Dhum*	−0.0457** (0.0179)	−0.0700*** (0.0202)	−0.0057 (0.0189)	0.0018 (0.0205)	−0.0597*** (0.0174)	−0.0831*** (0.0204)
ln*Dcap*	0.0993* (0.0499)	0.0586* (0.0288)	0.0865*** (0.0317)	0.0818*** (0.0304)	0.0688*** (0.0245)	0.0481* (0.0256)
ln*IPR*	0.0307* (0.0146)	0.1006** (0.0430)	0.0049* (0.0026)	0.0283* (0.0137)	0.0319* (0.0155)	0.1244*** (0.0363)
ln*Ffdi*	0.0172* (0.0090)	0.0829* (0.0438)	0.0543*** (0.0181)	0.0631* (0.0311)	0.0283*** (0.0085)	0.0468 (0.0420)
ln*Ftra*	0.1499*** (0.027)	0.1594** (0.0489)	0.0832** (0.0350)	0.1813* (0.0630)	0.0918*** (0.0226)	0.1054* (0.0583)
ln*Ffdi* * ln*IRP*		0.0151** (0.0064)		0.0172* (0.0086)		0.0032* (0.0056)
ln*Ftra* * ln*IRP*		0.0011 (0.0058)		0.0134 (0.0083)		0.0090* (0.0054)
观测值	364	364	364	364	364	364
R2	0.9587	0.9597	0.9637	0.9642	0.3846	0.4030
F 检验值	445.04	410.24	467.79	440.6	13.91	15.72

注：系数括号内为异方差稳健性标准误。* 表示 1%的显著性水平，* * 表示 5%的显著性水平，* * * 表示 10%的显著性水平。所有方程均包含区域和时间虚拟变量。

国际贸易对技术创新能力具有促进作用，且在所有方程中均通过了显著性检验，表明该作用具有稳健性。外商直接投资对技术创新能力的促进作用则受变量选择的影响，以劳动生产率和人均资本密集度作为技术创新度量指标时，外商直接投资对技术创新能力的促进作用通过了 10%水平下的显著性检验，而用全要素生产率来度量时外商直接投资对技术创新能力的促进作用并不明显。因此，我国现阶段知识产权保护的外商直接投资促进作用还受到其他某些因素的影响。

引入外部知识获取与知识产权保护的交叉项后，估计结果表明知识产权保护水平的提高能促进外商直接投资对技术创新能力的促进作用。知识产权保护水平的提高一方面优化了东道国的投资环境，增强了对外资的吸引力；另一方面知识产权保护水平的提高也改变了流入外资的结构，更多的高技术行业将流入我国，外资流量的增加以及外资质量的提高均有力促进了我国技术创新能力的提升。因此，知识产权保护水平的提高强化了外商直接投资促进技术创新的作用。知识产权保护还能强化了国际贸易促进技术创新的作用，但国际贸易与知识产权保护的交叉项在所有方程中均未能通过显著性检验，故对该种促进作用要持谨慎态度。我国知识产权保护并不是影响国际贸易的主要因素。

7.4 知识产权保护促进技术创新:基于跨国数据的检验结果

首先综合考察各国技术创新行为的决定。表 7.6 分别汇报了采用普通最小二乘法(OLS)和二阶段工具变量法(IV－2SLS)的估计结果[①]。各列地区与时间虚拟变量的联合检验均显著否定了模型不存在地区、时间效应的原假设,故相应加入虚拟变量以控制模型潜在的区域与时间固定效应。除此以外,跨国面板数据普遍存在的异方差性亦是估计过程中需解决的问题[②],各列估计均采用异方差稳健标准误。鉴于前文讨论的潜在内生性问题,我们采用工具变量法。Hausman Wu 内生问题存在性检验显著否定了不存在内生性问题的原假设;而 Sargan Hansen 过度识别检验均不能否定工具变量与干扰项不相关的原假设,表明本书工具变量的设定是基本合理的。表 7.6 中(1.1)至(1.3)给出了以国际产权综合指标(IPRI)作为制度变量的回归结果;(1.4)至(1.9)列是知识产权指数对技术创新影响的测度结果。

表 7.6 技术创新的决定因素检验

	OLS						IV-2SLS		
	All	发达	发展中	All	发达	发展中	All	发达	发展中
	(1.1)	(1.2)	(1.3)	(1.4)	(1.5)	(1.6)	(1.7)	(1.8)	(1.9)
RD	1.0862***	1.7809***	1.3754***	0.8811***	0.6741***	1.0285***	0.7548***	0.6606*	0.9878***
	(0.2372)	(0.2834)	(0.3007)	(0.2214)	(0.2815)	(0.3351)	(0.2509)	(0.4433)	(0.3355)
RE	0.0178	0.0317*	0.0234	0.0154	0.0275	0.0224	0.0204	0.0358	0.0268
	(0.0142)	(0.0175)	(0.0213)	(0.0129)	(0.0170)	(0.0217)	(0.0136)	(0.0265)	(0.0251)
IM	0.0222*	−0.0372*	0.0321**	0.0051	−0.0336	0.0296**	−0.0063	−0.0245	0.0265*
	(0.0125)	(0.0216)	(0.0124)	(0.0145)	(0.0217)	(0.0138)	(0.0147)	(0.0268)	(0.0155)
FDI	−0.0148***	−0.0086**	−0.0347*	−0.0155***	−0.0110***	−0.0334*	−0.0157***	−0.0126***	−0.0334***
	(0.0034)	(0.0034)	(0.0202)	(0.0031)	(0.0029)	(0.0195)	(0.0031)	(0.0037)	(0.0196)
MS	−0.0336***	0.0291	−0.0318***	−0.0388***	0.0181	−0.3687***	−0.0384***	0.0104	−0.0368***
	(0.0097)	(0.0277)	(0.0101)	(0.0088)	(0.0217)	(0.0097)	(0.0089)	(0.0266)	(0.0097)
INF	−0.0081	0.0291***	−0.0499***	−0.0083	0.0165*	−0.0494***	−0.0109	0.0237**	−0.0494***
	(0.0088)	(0.0103)	(0.0117)	(0.0081)	(0.0088)	(0.0113)	(0.0093)	(0.0115)	(0.0122)
FIN	0.0072***	0.0040	0.0131**	0.0081***	0.0024	0.0127***	0.0077***	0.0048	0.0127***
	(0.0026)	(0.0034)	(0.0037)	(0.0024)	(0.0025)	(0.0036)	(0.0025)	(0.0033)	(0.0038)
IPRI	−0.1628	−0.0896	−0.1533						
	(0.1603)	(0.2782)	(0.1834)						

① 研究过程中,我们采用滞后一期解释变量进行稳健性检验,本书的主要实证结论未发生改变。

② 虽然异方差性并不会影响系数估计量的一致性,但同方差假定不成立的条件下得到的估计量方差不能确保假设检验的有效性。

续表

	OLS						IV-2SLS		
	All	发达	发展中	All	发达	发展中	All	发达	发展中
	(1.1)	(1.2)	(1.3)	(1.4)	(1.5)	(1.6)	(1.7)	(1.8)	(1.9)
LP				−0.7055***	−0.9467***	−0.4232***	−0.7851***	−1.4008***	−0.4234**
				(0.1331)	(0.2302)	(0.1573)	(0.1908)	(0.3560)	(0.1856)
PPR				−0.1269	−0.1304	−0.1299	−0.1385	−0.0593	0.1299
				(0.1353)	(0.2012)	(0.1423)	(0.1374)	(0.2428)	(0.1604)
IPR				0.7809***	1.2314***	0.4459***	0.9757***	2.5164***	0.4467
				(0.1241)	(0.2477)	(0.1438)	(0.3554)	(0.6968)	(0.3259)
调整后 R^2	0.5892	0.7269	0.5451	0.6433	0.7787	0.5791			
F-Value	24.18 0.0000	14.26 0.0000	16.82 0.0000	29.18 0.0000	20.80 0.0000	16.70 0.0000	26.68 0.0000	18.58 0.0000	20.29 0.0000
Wald 联合显著检验	4.83 0.0000	2.27 0.0470	3.22 0.0035	5.37 0.0000	1.93 0.0890	3.32 0.0028			
Hausman-Wu 内生性检验							44.27 0.0000	37.26 0.0000	48.26 0.0000
Sargan 过度识别检验							1.389 0.2386	0.270 0.6034	0.293 0.5881

注：*、**、***分别表示 10%、5%、1%的显著性水平；表中括号内为异方差稳健标准误；常数项和虚拟变量的回归结果未在表中汇报。

就投入要素而言：第一，研发经费投入(*RD*)非常稳定的表现出对自主创新的正向促进作用。正如 Griffith 等(2000)所指出国内研发经费投入在为技术进步提供必需资本要素的同时起到了与人力资本类似的作用，国内研发开支越高，技术创新速度越快。随着技术创新对经济增长的重要性日益凸显，近年来，各国用于科研的经费投入大幅增加，发展中国家的增幅尤为明显。以中国为例，R&D 经费支出总额从 1987 年 74 亿元上升到 2008 年 4616 亿元，年均增长 22.7%，跃居世界第四位。然而我们也应看到，若以 R&D 经费强度(即 R&D 占 GDP 的比重)来衡量，发展中国家与发达国家之间还普遍存在较大差距，发展中国家仍需继续加强科技研发投入。第二，研发人员(*RE*)对自主创新具有普遍促进作用，但该积极效应在统计上并不显著。技术创新所需人力资本投入的测度方式也可能是影响该回归结果的原因之一。

就开放经济而言，第一，高新技术产品进口(*IM*)促进了发展中国家的技术创新，但不利于发达国家技术创新。对于欠发达国家而言，国际贸易是国际技术转移最重要的渠道之一，无论是进口成套的生产设备或是关键技术部件都将有利于提高一国的技术水平；更重要的是，本土企业或研发机构在引进先进技术设备的同时往往伴随着对新知识、新技术的学习和适应过程，技术人员通过接受培训和应用实践吸收、消化新技术，在增强自身技术积累的同时还可能间接诱发“二次创新”。这种引进、吸收、再创新的模式帮助欠发达国家实现了工业化初期阶段的技术进步的艰难一跃。然而随着发展中国家对发达国际技术追赶步伐的加快，发达国家对高科技产品出口的限制日益加强。作为技术后发国，一方面可积极争取发达国家放宽高新技术产品的出口限制将有利于发挥其后发优势；另一方面更需警惕单纯依靠设备引进的技术进步模式的可持续性问题，以及国际技术转移对本土研发的替代效应。第二，外商直接投资变量（*FDI*）并未如想象中的那样促进一国技术创新，相反，外商直接投资占比越高的国家自主创新能力越弱①。因为，外商直接投资往往属于“效率寻求型”，更多是将投资国作为产品的加工、组装基地，核心研发部门仍主要布局于母国，对东道国企业技术研发的正向外溢作用有限，并且跨国公司子公司所具有的先进生产技术往往由母公司内部化技术转移直接实现，反而替代了本土研发。

作为国内经济环境的衡量指标，最终消费衡量的市场规模（*MS*）与技术创新间表现出较稳定的负向关联，这与我们的预期不符。国内市场需求的发展态势和消费者购买力本应是技术创新、品牌塑造的基本支撑，尤其在发展中国家，本土企业自身能力的培养和品牌打造更加需要国家凝聚力和更为广泛的民族认同度。但近年来，内需乏力成为了发达国家和发展中国家经济发展过程中面临的共同问题，影响了相关机制的发挥。因此，还需充分挖掘国内市场的巨大潜力以激励本土企业改进产品质量、培育知名品牌和实现产业升级。基础设施变量（*INF*）稳健地促进了发达国家创新能力的提高，而在发展中国家样本中则不然。尽管发展中国家正举国之力高度关注和发展基础设施建设，然而发展中国家的基础设施建设还主要集中在满足居民生活需求的公共物品建设上，而非技术创新所需的高端基础设施上的投入。这可能是造成基础设施变量对技术创新的贡献在发展中国家样本中不显著的原因。外部融资（FIN）积极促进了各国的技术创新。正如 Alfaro 等（2004）指出东道国国内具有企业家精神的创业者可以通过观察与模仿外资企业生产技术来进行自主创业，然而前提是企业必须要支付高额初始固定研发成本，包括学习费用、谈判成本、购买关键技术以及设备的费用等，而外部融资为企业技术创新提供了必须的初始资金支持。然而在本书样本期间内，发达国家受金融危机的冲击，经济活动风险增加，银行银根缩紧、流动资金减少、贷款门槛提高，这可能是造成该变量在发达国家样本中不显著的主要原因。

就制度因素而言。首先，从整体样本来看，在控制了其他影响创新行为的因素后国际产权指数（*IPRI*）作为衡量一国产权制度的综合指标并未表现出显著的专利产出效果（参见结果 1.1）。进一步采用三类分指标从不同侧面具体刻画一国制度因素对技术创新的影响。其次，知识产权保护指数（*IPR*）的系数显著为正，说明知识产权制度的完善有利于各国的技术创新（参见 1.4）。知识、技术

① 采用净 FDI 流入量作为衡量指标，仍得到类似结论。

具有公共物品非排他性和非竞争性的天然特征，这就要求知识产权制度给予相应的协调与保护来激发创新行为，这与专利制度中"专属效应"(Appropriability Effects)的理论逻辑是一致的[①]。且在控制可能的内生性问题后，该结论仍然显著成立(参见 1.7)。再次，一国的法律与政治环境指数(*LP*)在各估计列中呈现出对技术创新非常稳定的负向效应。Lerner(2009)提供了一种解释，通过对过去近 150 年来 51 个国家 177 次专利改革对技术创新的研究，该研究指出那些使得法律程序更加简化有效的努力，尽管会使潜在的技术进入者在引入与技术创新者十分相似的产品时更加小心，但是也会释放出更多的诉讼需求，不利于技术创新的良性循环，反而成为对社会福利的一个耗散。最后，有形资产产权保护(*PPR*)与作为无形资产知识的创新活动之间不存在明显的统计关联。

进一步的，若分别检验发达国家和发展中国家样本，以国际产权指数(*IPRI*)衡量的制度因素在两个子样本中仍不显著(参见 1.2、1.3)，而从采用三项分指标的衡量结果来看，发达国家的估计结果与全样本的结论相似(参见 1.5、1.8)，但在控制内生性影响后，发展中国家知识产权保护(*IPR*)与技术创新之间的关联在统计上变得不显著(参见 1.6、1.9)。这暗示着知识产权对技术创新的作用机理在发达国家和发展中国家间存在差异[②]。

发达国家与发展中国家之间在法律制度和管辖权限、技术进步模式及文化等方面存在的差异造成了知识产权制度在发达国家和发展中国家间的长期不平衡发展，这就有必要将两者分开来检验。因此本节聚焦于制度与创新间的作用机制在发达国家和发展中国家之间的差异。特别地，在模型中引入知识产权保护程度与各国初始知识产权保护水平的交互项($IPR*IPR\_O$)[③]，考察制度与创新之间是否存在非线性关联。表 7.7 给出了相关的估计结果。

---

① 专属效应重点强调拓展专利保护的宽度和时限将保全创新的微观主体技术创新的利益动机。

② 一种解释是，通过知识产权保护激励更多的技术研发行为存在一个重要前提，即市场结构中研发部门占较大比重，或者对研发产品的需求是充足的(Eicher 和 Penasola，2008)。发展中国家可能因技术资源匮乏、法律程序不完善等因素阻碍了"专属效应"的传导，导致知识产权的保护力度的增强未能为研发主体提供足够的研发激励。而另一种可能的解释是，知识产权和技术创新之间可能存在某种非线性关联，本书第五节就此展开了进一步的研究。

③ 根据各国在初始年份(2006 年)知识产权保护指数按每 25 百分位数分为四个等级，从低到高分别计为 1、2、3、4，反映各国初始知识产权保护水平(IPR_O)。按每 20 百分位划分回归结果仍与本书主要结论一致。

表 7.7　知识产权对技术创新的门槛效应检验

	OLS			IV-2SLS		
	All	发达	发展中	All	发达	发展中
	(2.1)	(2.2)	(2.3)	(2.4)	(2.5)	(2.6)
RD	0.7861***	0.6380***	0.8206***	0.8107***	0.6417*	1.0514***
	(0.2218)	(0.2817)	(0.3301)	(0.2575)	(0.3769)	(0.4061)
RE	0.0187	0.0251	0.0202	0.0167	0.0370	0.0197
	(0.0131)	(0.0174)	(0.0209)	(0.0132)	(0.0256)	(0.0263)
IM	0.0065	−0.0270	0.0298*	−0.0045	−0.0329	0.0407*
	(0.0145)	(0.0220)	(0.0170)	(0.0148)	(0.0282)	(0.0203)
FDI	−0.0148***	−0.0117***	−0.0431**	−0.0150***	−0.0117***	−0.0395*
	(0.0031)	(0.0031)	(0.0190)	(0.0031)	(0.0038)	(0.0224)
MS	−0.0399***	0.0074	−0.0411***	−0.0398***	0.0111	−0.0477***
	(0.0088)	(0.0217)	(0.0094)	(0.0089)	(0.0269)	(0.0113)
INF	−0.0074	0.0135*	−0.0471***	−0.0049	0.0246**	−0.0556***
	(0.0124)	(0.0072)	(0.0109)	(0.0186)	(0.0113)	(0.0130)
FIN	0.0084***	0.0027	0.0149***	0.0085***	0.0043	0.0148***
	(0.0023)	(0.0026)	(0.0034)	(0.0024)	(0.0031)	(0.0041)
LP	−0.6494*	−1.2809***	−0.1207	−0.5840***	−1.3538***	0.0534
	(0.1367)	(0.2683)	(0.1724)	(0.1594)	(0.3483)	(0.2085)
PPR	−0.0371	−0.0261	0.0423	−0.0632	−0.0239	0.2113
	(0.1448)	(0.2272)	(0.1585)	(0.1429)	(0.2651)	(0.1923)
IPR	0.8680***	1.1386***	0.9263***	1.6103***	2.5653***	2.1074***
	(0.1339)	(0.2649)	(0.1906)	(0.3617)	(0.5538)	(0.4818)
IPR *	−0.0355***	0.0288	−0.1575***	−0.0609**	−0.0309	−0.3816***
IPR_O	(0.0209)	(0.0290)	(0.0429)	(0.0298)	(0.0476)	(0.0874)
调整后 R2	0.6702	0.7880	0.6189			
F-Value	27.85	20.76	17.45	25.76	16.92	15.94
	0.0000	0.0000	0.0000	0.0000	0.0000	0.0000
Wald 联合显著检验	4.85	2.16	5.18			
	0.0000	0.0588	0.0000			
Hausman-Wu 内生性检验				46.75	71.83	36.38
				0.0000	0.0000	0.0000
Sargan 过度识别检验				1.185	2.100	0.368
				0.2763	0.1473	0.5438

注：*、**、***分别表示 10%、5%、1%的显著性水平；表中括号内为异方差稳健标准误；常数项和虚拟变量的回归结果未在表中汇报。

从整体回归结果来看，知识产权保护强度与技术创新之间并非仅仅是简单的正相关关系。当加入知识产权力度与初始知识产权保护水平的交互项($IPR * IPR\_O$)后，知识产权系数仍显著为正，交互项在 5%的水平下显著为负(参见 2.1、2.4)。这意味着，尽管知识产权保护力度的加强促进了自主创新，但随着初始知识产权保护力度的提升，制度促进创新的“专属效应”存在边际递减性。当知识产权的保护力度超过最优阀值后，更严厉的知识产权保护提高了产品价格、强化了专利拥有者的利益攫取，过度的知识产权藩篱更是阻碍了技术的良性传播，导致了重复的创新努力与投资，不利于整个社会的技术创新和社会福利的提高。该结论无疑为“最优知识产权假说”提供了经验证据。

然而，我们注意到，交互项的检验结果在发达国家和发展中国家之间存在明显差异。加入交互项后，发达国家知识产权系数本身显著为正，交互项为负，但统计上并不显著(参见 2.2、2.5)。从发展中国家子样本的回归结果来看，在不考虑交互项影响的时候，知识产权保护与技术创新之间未发现显著关联(参见 1.9)；加入交互项后，知识产权指数(IPR)和交互项的系数同时在 1%水平下显著，其中知识产权指标显著为正，而交互项系数显著为负(参见 2.3、2.6)。这是一个非常有意思的实证结果。首先，结合第四节的结论不难得知无论是发达国家还是发展中国家，知识产权均是影响其技术创新的重要因素，但是其作用机制在发达国家与发展中国家间是存在显著差异的。换言之，发达国家与发展中国家间存在不一样的“最优知识产权保护力度”。正如庄子银(2009)通过构建南北产品周期模型所发现的，南方国家存在一个不同于北方的最优知识产权保护强度。潘士远(2008)亦指出最优专利制度受劳动力禀赋结构的内生影响。对于以非熟练劳动力为主的发展中国家而言，技术进步更多的依赖生产工艺的改进和劳动生产率的提高，因此，发展中国家的最优专利保护相对以技能密集型产业为主的发达国家而言，是与其劳动密集型产业相匹配的较为宽松的制度安排。这就解释了，在相同的样本期内，发展中国家出现明显的阀值效应，而发达国家却未发现相关经验证据。发达国家当下的知识产权保护力度并未超过其最优保护的门槛值，因此更严厉的知识产权保护制度与发达国家技术创新间体现出正向的线性关联。而就发展中国家样本而言，知识产权制度的完善有利于技术创新，但是这激励效应随着各国初始知识产权强度的增加而递减，知识产权对技术创新呈现明显的非线性门槛特征④。

为增强估计的稳健性，我们进一步采用门槛模型验证技术创新决定方程中

④　在我们的相关研究中，采用 Caner 和 Hansen(2005)含有内生变量的门槛模型估计方法分别测算了发展中国家和发达国家知识产权对技术创新的门槛效应。结果表明前者在样本期间内存在显著地单门槛效应(且在 1%的水平下显著)，而后者仅在 20%的水平下显著。与本书结论在逻辑上是一致的。

是否存在关于知识产权保护的结构突变点，以判定相应门槛效应存在与否。

在本书结构方程中包含了内生变量（*IPR*），违背了经典门槛估计方法中要求解释变量均为外生变量的基本假设。幸运的是，Caner 和 Hansen(2005) 发展了包含内生变量的门槛模型估计方法（IV-Threshold）。该方法采用最小二乘分别检验门槛各可能取值相对应的残差平方和（SSR），则可能的门槛值（λ）对应最小残差平方和，并采用 LM 检验判定门槛效应的统计显著性和门槛的个数；最后采用广义距估计（GMM）得到各参数的一致估计。

表 7.8 给出了相应的门槛效应存在性的检验结果。从表 7.8 可以看出，发达国家样本的检验结果不能拒绝不存在门槛效应的原假设；而发展中国家的检验结果拒绝了不存在单门槛效应的原假设，但不能拒绝仅存在单门槛效应的原假设。尽管在样本观测期内发达国家已具有明显高于发展中国家的知识产权保护力度，但由于发展中国家的最优知识产权保护力度低于发达国家，因此，仅在发展中国家的样本中观测到了与最优知识产权假说一致的单门槛效应。

表 7.8　知识产权对技术创新门槛效应的稳健性检验

	门槛值	SSR	LM 检验	自举 P 值
发达国家	$\lambda_1=7.1$	72.07	63.85	0.6811
发展中国家	$\lambda_1=3.6$	227.84	207.94	0.0064
	$\lambda_2=5.1$	188.45	157.26	0.5312

发达国家已有知识产权保护力度（*IPR*）明显高于发展中国家，但知识产权保护力度是内生于一国经济发展的。当一国技术、经济水平处于发展的初期阶段，政府倾向于采用适度宽松的知识产权保护激励本土企业的技术进步；当一国发展水平较高时，政府倾向于采用更严厉的产权保护制度以鼓励自主创新⑤。因此，发展中国家并没有必要实施与发达国家相当的知识产权保护力度，发达国家适用的最优知识产权保护力度高于发展中国家，对知识产权的过度保护将阻碍发展中国家的技术进程。这里需要说明的一点是，最优知识产权保护力度是动态变化的。正如 Chen 和 Puttitanun(2005)指出的，随着技术的积累，技术创新可能取代技术模仿成为一国主导的技术进步模式，相应的最优知识产权保护的力度将随之上升。发展中国家传统技术产业和部门正面临激烈的规模竞争，产品利润微薄，劳动密集型产业的附加值被日趋压缩。长期来看，只有依赖技术创新、实现产业升级才能帮助发展中国家摆脱低增长率陷阱。而随着发展中国

⑤　事实上，本书一阶段的估计结果充分验证了这种的内生关联。一阶段模型(3)的各列估计结果中，经济发展水平（*GDPC*）及其平方项（$GDPC^2$）均在 1%的水平下支持 Chen 和 Puttitanun(2005)提出的 U 型假说。

家技术进步模式的转变，相应的最优知识产权也将提高。因此，不断完善与技术相关的制度安排仍是保持各国经济继续发展的重要保障。

在将来数据可获取的情况下，本书至少可以在以下三方面进行扩展与完善：首先专利申请总量仍是一个较为宽泛的概念，既包括核心技术专利，也包括一些技术含量较低，因此还有待进一步细化的研究；其次，Kanwar 和 Envenson (2003)指出知识产权保护对技术创新的效用在不同行业间是存在差异的，因此若能将该研究细化至行业层面将具有更为深刻的理论与实践意义；最后企业作为技术创新的主体，如何从微观层面刻画企业面临的知识产权软约束时的研发决定，是有待理论和实证深入考察的问题。

7.5　小　结

本章分析了知识产权保护影响对外开放和技术创新的作用机制。知识产权保护会影响跨国投资企业的区位优势、所有权优势和内部化优势，成为激励或抑制外国直接投资的信号。知识产权保护通过给予创新者垄断利润预期而激励内部技术创新，但提高了模仿成本，抑制了外部知识溢出。知识产权保护的技术创新作用受人力资本水平、模仿能力等的影响，其关系具有不确定性。在此基础上，本章利用 1995—2007 年中国 28 个省市区的平衡面板数据知识产权保护与技术创新的关系，将对外开放、知识产权保护与技术创新的关系进行了全样本与区域分组样本的实证分析。

总的来说，我国技术创新能力主要来源于研发资金投入。由于人力资本还处于较低水平，模仿能力较差，研发人员投入对技术创新的作用不明显甚至为负，并且在各区域间存在差异。人力资本较高区域，研发人员投入对技术创新有一定程度的促进作用但不显著。知识产权保护水平的提高并不能显著促进我国技术创新能力的提升，这些结论不因技术创新能力指标选取的不同而改变。知识产权保护对技术创新能力的作用存在区域差异性，环渤海和海峡两岸存在一定促进作用，而中部、西部、北部湾知识产权保护水平的提高反而抑制了技术创新能力。

外向型因素的引入改变了知识产权保护与技术创新之间的关系，国际贸易和 FDI 能显著促进国内技术创新能力的提升，但对外开放对我国技术创新的促进作用受到知识产权保护水平的影响，强化知识产权保护水平能增进对外开放的技术创新效应。

根据实证结论本书提出以下政策建议：

第一,建立起适合中国国情的知识产权法律体系是问题的关键。一方面,要在一定程度上限制对外国技术和文化创新成果的保护,从历史上看,任何国家在工业化进程的初期,由于技术、经济、文化水平较低,往往需要免费和廉价使用外国相对先进的知识,例如在化学物质给予专利的问题上,德国直至 1967 年,瑞士直到 1978 年,日本直到 1976 年才决定对化学物质授予专利权。在对药品给予专利的问题上,德国和法国直至 1967 年、意大利于 1979 年、西班牙直到 1992 年才修改法律,授予专利权。即使是当今代表知识产权最权威保护水平的 TRIPs 协定,美国也因为其国内专利法至今没有专利许可强制的规定,而对该协定的相关内容(第 21 条)通过严格限定的 12 项条件来约束对它的适用。因此,超越技术、经济的发展阶段而采取与发达国家大体相同的知识产权保护标准,对于像我国这样的发展中国家而言代价是巨大的。在最低保护原则方面,TRIPs 协定只要求 WTO 各成员国对知识产权所提供的保护应达到协定所规定的各项最低标准,但我国在某些方面出现了过于超前的问题。我国应该充分利用 TRIPs 协定中对于发展中国家的一些有利条款,最大限度地维护自己的国家利益。

另一方面,面对当今一体化、全球化的世界经济大潮,作为发展中国家,引进外国先进技术是使本国经济发展的重要保证之一,参加发达国家制定的国际贸易游戏规则是引进先进技术的一道门槛,如果单纯为维护民族利益而放弃参与的机会,那么我们将无法在短时间内实现促进经济发展、迅速提高综合国力的目标。因此,我国又要不断调整自己的知识产权保护水平,以尽早与 TRIPs 协定接轨,

第二,应该充分地发挥知识产权保护对于吸收外国直接投资的促进作用。国际资本的大量流入,缓解了我国经济发展进程中资本短缺的情况,促进了外向型经济的迅猛增长,而且由于知识的溢出效应。国际资本流入使中国经济的技术水平、组织效率不断提高,从而提高了国民经济的全要素生产率(TFP)。此外,在吸收外国直接投资的过程中,应该适时调整吸引外商直接投资的方向,从吸收一般的外国直接投资转到吸收外国的 R&D 投资。在一个国家大规模外商直接投资进入的情况下,外商直接投资会成为东道国吸引跨国公司 R&D 投资的主要因素。在其他因素保持不变的情况下,外商投资规模的扩张为吸引跨国公司 R&D 投资提供了更多机会。因此,中国应从引进外资以弥补资金缺口为重点转向通过引进外资吸引 R&D 投资,从而更加充分的获取外资的技术外溢效应,在这个过程中,知识产权保护可以起到更大的作用。

第8章　企业技术创新影响因素：基于微观面板数据的实证研究

8.1 引　言

“十二五”规划纲要中明确提出要大力提高科技创新能力，加快教育改革发展，发挥人才资源优势，推进创新型国家建设。尤其是要加快建立以企业为主体的技术创新体系，重点引导和支持创新要素向企业集聚，加大政府科技资源对企业的支持力度，加快建立以企业为主体、市场为导向、产学研相结合的技术创新体系，使企业真正成为研究开发投入、技术创新活动、创新成果应用的主体。可见企业技术创新仍然是我国向创新型国家推进的中坚力量。技术创新通过将生产要素的新组合引入生产体系，开发生产新产品、提供新服务、降低生产成本、提高生产效率。经济增长最主要的动力和最根本的源泉在于企业的创新活动，创新在经济发展过程中起着重要作用。自熊彼特1912年提出创新理论以来，探讨技术创新能力衡量、影响因素及其作用机制的文献数目颇多，Schumpeter(1926)年在《经济发展理论》一书中初步界定了技术创新的基本定义，Solow(1957)首次将技术进步纳入经济分析的视野，推动了现代技术创新理论的发展，随后，Mansfield(1961)发展了创新理论，对技术推广及技术推广模式进行了研究，主要讨论了新技术在同一部门的推广问题，Romer(1995)进一步把技术进步作为内生变量加以分析，较好地解决了技术创新作用分析的量化问题。技术创新的提出是从创新概念演化而来的，它是和制度创新相对应，是一种以新技术为手段来创造经济价值的经济活动。

关于技术创新的度量，尤其是从企业视角的度量。技术创新是一个从产生新产品或新工艺的设想到市场应用的完整过程。技术创新过程的性质特点，决定着我们无法直接衡量技术创新的质量和数量，但是，可以采用一些替代性指标来反映技术创新能力的高低。综观现有文献，主要从创新的投入、产出，以及商业绩效的角度度量创新能力，包括研发支出、专利数、大小创新数目、创新产品销售比例等。在企业层面的创新能力实证研究中,Hurley(1998)等在评价美国 56 家研发机构的创新能力时,采用被采纳并正式立项资助的创新思想数作为指标;Souitaris(2001)在对比伊朗 135 家企业与希腊 105 家企业之间创新能力差异时,采用了包括投入和产出指标的综合尺度(创新数、创新销售比例、专利数以及研发支出占销售比例);Romijn(2002)等在评价英国中小电子软件企业的创新能力时,选用 2 个产出指标(专利数(定量)以及产品创新指数(定性))来度量企业的创新能力,Caloghirou(2004)等在评价欧盟 7 国 5 大行业 558 家创新企业的创新能力时,采用了显著改进产品及新产品的销售比例。此外,国内学者还综合技术创新的多方因素,运用不同的数理计量方法建立企业技术创新指标体系。易晓文(2003)应用模糊数学中的 BP 神经网络理论,克服由人工评价所带来的人为因素的随机性、主观上的不确定性及其认识上的模糊性,构建了定性指标和拆分为正向、逆向和适度指标的定量指标,并涉及 15 个技术创新能力指标的民营企业模糊综合评价体系,曹庆奎等(2006)运用粗集理论对影响企业技术创新能力的指标进行约简提取,包括专利及技术资料水平、研究开发机构水平、新产品及新工艺实施强度等七个主要指标,应用未确知测度模型进行综合评价,解学梅(2009)运用因子分析和分类回归分析方法,构建包括资金、研发强度、创新网络等 10 个影响中小企业技术创新水平的因素进行识别和机理分析。结果表明:资金、研发强度、技术人才等因素对技术创新有着显著的正效应,且研发强度和资金的影响最为显著。

关于技术创新测度问题的主要实证检验。以理论研究为依据,学者们利用不同的实证方法和统计数据就技术创新的测度及其影响因素进行了实证检验。Almeida 和 Fernandes(2007)、Salomon 和 Jin(2008)对制造业企业的实证研究均认为,开放行为并不一定都能促进技术创新,外资企业的流入对内资企业创新活动产生了“挤出效应”,即外资企业对内资企业的创新活动产生了负面效应。Greunz(2004)通过考察欧洲 153 个地区 16 个制造行业的情况,证实了企业异质性对制造业的创新行为具有重要影响。Martin Woerter(2009)利用瑞士 1996 年、1999 年和 2000 年 30 个行业 4945 家企业数据对企业特征、市场环境与 R&D 行为间的关系进行了实证检验,面板数据模型结果显示差异化的市场环境比同质市场更有利于企业创新绩效的提升。吴玉鸣(2006)运用空间计量经济学模型对中国省域研发与创新的关系进行计量分析,局域地理加权回归计量分析结果显示,企业研发能力和人力资本对省域的创新能力具有正向促进作用,寻求建立大学研发与企业研发之间的技术转移渠道和相互作用机制是目前大学、企业研发与省域创新联动面临的一个关键问题。孙文杰、沈坤荣(2009)对人力资本积累与中国大中型企业技术创新效率的关系进行了产业层面的计量检验,结果表明:国内企业技术人员的人力资本积累存在明显的门槛效应,低于这一临界值,国内企业技术学习能力和自主创新能力的提升将十分有限。彭恒文(2010)基于异质性偏好的视角,考察了网络效应下消费者和厂商在技术创新、技术更新两阶段中的技术选择,研究竞争对于技术创新及技术更新的作用,实证分析了异质性偏好和网络效应共存条件下竞争能够增强技术创新、技术更新的动力,有助于技术进步。

关于技术创新影响因素的实证研究。国内学者在吸收国外观点的基础上,提出专利保护程度(陈国宏等,2008)、FDI(王红领,2006)、集群式创新模式(疏礼兵,2007)、企业所有权结构(夏冬,2008)等因素也对技术创新有着重要影响。Lai 等(2008)指出发展中国家可以通过技术引进、技术模仿,发挥技术后发优势,但这种依赖国际技术溢出的技术进步模式在非高科技行业中的作用更加突出。随着后发国对领先国持续的技术追赶,企业自主创新能力对后发国技术进步将更加重要。Griffith 等(2000)指出国内研发投入在为技术进步提供必需要素的同时起到了与人力资本类似的作用,国内研发开支越大,与技术主导国的生产效率差距缩小得越快,技术创新速度越快。李平等(2007)指出技术创新最终转化取决于资源投入与资源使用效率,它是多种资源、多种要素不同配置过程的最终体现,企业内部机制、外部环境均会影响企业的微观经济效率。高良谋和李宇(2009)指出,从定向性和非定向性技术创新概念出发,企业规模与技术创新之间呈倒 U 型关系,组织惯性是大企业锁定现有技术轨道实现定向性技术创新的主要因素,竞争性市场是小企业突破现有技术范式实现非定向性技术创新的主要动因。Llerena 和 Oltrab(2002)将依靠内部知识积累的增长型企业与依靠对外界知识学习的非增长型企业加以区分,指出差异化的创新策略是高新技术产生的源泉,创新策略差异化程度越高越有利于技术创新。Nguyen(2005)认为市场的快速发展会促进利基市场的形成,有利于新产品开发或对现有产品的改进,利基市场的增长伴随着差异化程度提高,为技术创新提供广阔的市场空间,使新产品或新技术拥有更多的发展机会。

8.2　实证模型与变量定义

8.2.1　模型设定

技术创新实际上就是用知识生产新知识,是一种技术诀窍的积累过程。R&D、技术引进、技术溢出、技术改造、消化吸收等方面的投入都是重要的技术创新资源,它们的主要作用在于知识创造和知识积累,而这些来自多层面的知识学习从创新来源的角度决定着技术创新的发生与发展,也就构成了知识的创造与积累同现实的技术创新能力之间正式转化的基础。在微观企业层面上,影响技术创新的因素主要包括企业的基本特征、人力资源状况、技术环境、国际联系、组织结构、所在政府环境、市场环境、金融环境、所在行业及区域环境的影响等。

企业的基本特征主要通过企业成立时间及企业规模衡量。通常企业的成立时间越长,企业将通过干中学获得更多的知识积累,同时也在一定程度上影响企业的规模及研发投入等企业的其他特性,进而影响技术创新。技术创新与企业规模之间关系的"Schumpeter 假设"一直是创新研究领域争论的焦点。尽管技术创新与企业规模之间的关系在学术研究中尚未达成一致的结论,但二者之间的影响关系却是毋庸置疑的。

企业的人力资源状况的主要衡量指标包括:职工素质及决策者受教育程度。在技术创新作为生产新知识、积累技术诀窍的过程中,企业的职工素质及决策者受教育程度对它的影响是显而易见的。职工素质水平是企业在生产过程中知识、技术的积累及创新的直接影响因素,同时决策者的受教育程度则直接影响企业管理思维及方法。

通过企业的研发人数、研发投入及专利授权数衡量的企业技术情况是影响企业自主创新的重要因素之一。企业对研发活动的重视程度在企业的生产运营过程中反映为代表企业技术情况的研发人数、研发投入及专利授权数。对于研发活动越重视的企业技术创新会越活跃,企业的国际联系是企业获取国际技术、知识外溢并在此基础上进行创新的主要渠道。进出口额可以反映企业对外联系的密切度及进一步所带来的外溢情况,企业家的国外受教育经验从管理理念及管理模式上为技术创新提供经验。

在已有的关于国内技术创新的研究中,很多研究都提及了不同组织结构的企业的技术创新情况。国有、外资及内资私有企业由于其具有不同的企业运营特质,企业的技术创新情况也有所差异。内资私有企业通常比国有企业更多的从事技术创新活动,外资企业本身具有较高的技术水平为其技术创新活动提供了有利的条件。企业的技术创新活动与企业的政府环境之间的关系是不容忽视的。政府的信息支持及政府的研发帮助将为企业的技术创新提供有利的条件,同时提高企业进行技术创新的积极性。

企业的市场及金融环境直接影响企业的经营活动,同时推动技术创新。企业的市场环境的主要衡量指标为市场竞争及国外合作市场。市场竞争越激烈,企业经营者为获得利润将更加积极地进行技术创新,而无法跟上创新脚步的企业将会被淘汰。国外合作市场则直接关系到国际间的技术、知识外溢,对技术创新的影响同样不可忽视。企业的金融环境通过企业的金融资助途径及金融资助成本影响企业的资本融通,将反映企业的资本状况,并通过对企业资本状况的影响进一步影响技术创新。

企业所在的行业及区域变量对企业的技术创新也将产生影响。现有的研究表明不同行业技术创新存在差别,高新技术行业的技术创新发展更快。我国经济发展存在区域发展不平衡的问题,区域间经济水平差异很大,企业在不同的经济水平下其技术创新也将存在差异。

依据理论分析,使用多变量的二元选择模型对企业是否进行技术创新进行实证分析。企业技术创新决策为二元选择,企业作为利益最大化的主体,是否进行技术创新关键在于其利润与成本的比。如果技术创新产生的利润超过其成本则进行技术创新,否则不进行技术创新。根据 Almeida 和 Fernandes(2007)假设:

$$Innovation_{ijk} = \begin{cases} 1, if \pi_{ijk} > 0 \\ 0, otherwise \end{cases} \tag{8.1}$$

其中 $Innovation_{ijk}$ 虚拟变量,代表 i 地区 j 行业的 k 企业是否进行了技术创新。$Innovation_{ijk}=1$ 表明该企业采取了技术创新活动,$Innovation_{ijk}=0$ 表明企业没有进行任何技术创新活动;π_{ijk} 为利润函数,由 $\pi_{ijk}=\alpha_0 X+\alpha_1 Y+\alpha_2 Z+\varepsilon$ 决定,X 为企业特征变量矩阵,Y 为企业所在区域特征变量,Z 为企业所在行业特征变量,ε 为企业、行业、区域未度量到的影响因素。故企业进行技术创新的活动由函数:

$$\begin{aligned} \Pr(Innovation = 1) &= \Pr(\varepsilon > -\alpha_0 X - \alpha_1 Y - \alpha_2 Z) \\ &= 1 - F(-\alpha_0 X - \alpha_1 Y - \alpha_2 Z) \end{aligned} \tag{8.2}$$

假定 ε 服从正态分布,即为 Probit 模型,可以采用极大似然法对(3.2)式予以估计。其对数似然函数为:

$$\begin{aligned} l(\beta) = \log L(\beta) = \sum_{k=0}^{n} Innovation_{ijk} \log(1 - F(-\alpha_0 X - \alpha_1 Y - \alpha_1 Z)) \\ + (1 - Innovation_{ijk}) \log F(-\alpha_0 X - \alpha_1 Y - \alpha_1 Z) \end{aligned} \tag{8.3}$$

通过对上式最大化的一阶条件可以求解模型参数,得到各解释变量的参数,其参数反应了解释变量对创新发生概率的影响程度。

8.2.2　变量定义

本章将创新定义为企业引入新产品、新的生产工艺流程或者进入新的主营领域,而不是指质量监管及管理水平上的创新(即技术创新)。企业家国外成长及教育经历可以让高层管理者的思想及管理意识更开放，更具有创新意识。企业成立时间越长，已有了比较成熟的产品及顾客群，他们重点在于如何维护现有市场，创新意识较弱。企业规模越大，资金及技术能力越强，为技术创新提供了更多可能。企业职工素质、决策者受教育程度越高，更容易接受新生事物，知识与创新意识越强。研发人员、研发投入和专利授权数是反映创新能力强弱的最直接因素。进出口以及与国外合作者关系能提高参与世界经济竞争的可能，能从其他国家学到新技术、见识新设备。政府对企业信息及研发方面的资助，将提高企业技术创新能力。企业组织结构与技术创新之间的关系则不太明确：国有资本管理过程复杂，决策层一般思维固化，比较难以带领技术创新。国有企业雄厚的资本与技术资源却又能为技术创新提供很好的条件；而私人企业虽然灵活且富有生命力，能很快的接受新事物，但其技术与资金方面的不足却又限制了技术创新能力的发挥。金融途径和成本应该与技术创新决策成反向关系，如果获取金融资助的途径越少，获取金融资助的成本越高，创新的可能性越低。数据来源及说明参见第三章。根据理论分析和实证模型，相关变量指标的定义如下：

表 8.1 影响因素变量指标及定义

变量名称	替代指标	定 义
创新（inovation）		虚拟变量若企业从 1998 年 1 月以来采用了新的产品、新的生产工艺或进入了新的商业领域。则 innovation＝1，否则等于 0
企业基本特征	企业时间（age）	调查时间减去企业成立时间
	企业规模（size）	调查时间前三年企业平均雇员数
企业人力资源状况	职工素质（hs）	企业 1998 年和 2000 年中高级职称人数占所有职工人数平均比
	决策者教育程度（edu）	虚拟变量。本科及以上教育为 1，其他教育为 0
企业技术环境	研发人数（Res）	1998 年和 1999 年研发人员占总职工人数平均比
	研发投入（RD）	2000 年和 1995 年平均研发投入费用（单位：千元）
	专利授权数（pat）	1998、1999、2000 年三年平均专利授权数
企业国际联系	出口（exp）	1998、1999、2000 年出口值占全年总销售额平均比
	进口（imp）	虚假变量。进口机器设备为 1，没有进口为 0
	企业家国外教育经历（entrep）	过去两年雇佣的管理者中受国外教育人数平均比。
企业组织结构	国有（sown） 外资（fown） 内资私有（pown）	虚拟变量。当相对应的占比为 50％及以上时，Structure＝1。若内外资各占一半则视为外资。内资包括家族企业、私人企业、国内银行及机构投资者，外资指外资个人、机构、企业及银行投资者，国有包括国家、当地政府及其它政府部门投资者。

续表

变量名称	替代指标	定　义
企业所在政府环境	政府信息支持(assist)	虚拟变量。2000年政府给予了有关国外投资者、国外顾客方面的信息帮助为1,没有为0
	政府研发帮助(RDassist)	虚拟变量。2000年获得政府研发帮助为1,没有为0
企业市场环境	市场竞争(comp)	主营业务面临的竞争者个数
	国外合作市场(corpor)	虚拟变量。有国外合作者为1,没有为0
企业金融环境	金融资助途径(finway):较易、一般、较难、难	虚拟变量。当其值分别对应为1、2、3、4时,finway=1。
	金融资助成本(fincost):较低、一般、较高、高	虚拟变量,当其值分别对应为1、2、3、4时,fincost=1。
企业所在行业变量	产业变量(ind)	虚拟变量。制造业为1,服务业为0
	高技术行业变量tech	虚拟变量。高技术行业为1,其它为0
企业所在区域变量	区域变量(district)	虚拟变量。2001年人均GDP高于全国平均数的省市为1,其余为0

8.3　企业技术创新影响因素的实证结论与分析

结合STATA软件估计得到以上Probit模型的估计,在未考虑行业变量与区域变量时的计量结果如下表8.2:

表8.2　技术创新影响因素分析的回归结果

变量名称	(1)	(2)	(3)	(4)
企业时间(age)	0.0115*** (0.0026)	0.0114*** (0.0031)	0.0113*** (0.0032)	0.0148*** (0.0026)
企业规模(size)	0.0005 (0.0001)	−0.0834 (0.0001)	−0.0001 (0.0001)	
职工素质(hs)	−0.0001 (0.0019)	−0.0025 (0.0024)	−0.0031 (0.0024)	
决策者教育程度(edu)	0.4819*** (0.1012)	0.1302 (0.1189)	0.0256 (0.1254)	0.3153*** (0.0989)
国有(sown)	−0.6104 (0.7469)	0.9987 (0.7860)	0.9936 (0.7981)	0.5141 (0.7897)
外资(fown)	−0.2905 (0.7455)	1.2233 (0.7806)	1.2023 (0.7968)	0.5403 (0.7855)

续表

变量名称	(1)	(2)	(3)	(4)
内资私有(pown)	−0.3722 (0.7446)	1.2743* (0.7834)	1.3089* (0.7958)	0.7387 (0.7872)
研发人数(Res)		0.0191*** (0.0041)	0.0191*** (0.0041)	1.0589*** (0.0888)
研发投入(RD)		0.0001** (0.0001)	0.0001* (0.0001)	
专利授权数(Pat)		0.0827* (0.0442)	0.0904** (0.0457)	
市场竞争(comp)		−0.0001 (0.0001)	−0.0001 (0.0001)	
国外合作市场(corpor)		0.2196** (0.1092)	0.2031* (0.1135)	0.2499* (0.0942)
金融资助成本(fincost)		系数均不显著	系数均不显著	
金融资助途径(finway)		系数均不显著	系数均不显著	
政府信息支持(assist)		0.4375*** (0.1341)	0.4089** (0.1356)	
政府研发支持(RDassist)		0.9932*** (0.1094)	0.8963*** (0.1137)	1.0589*** (0.0888)
进口(imp)			0.4184*** (0.1049)	0.3192*** (0.0827)
出口(exp)			−0.0027* (0.0015)	
企业家国外教育经历(entrep)			0.0002 (0.0023)	
观察变量个数	1274	1099	1056	1499

注：* 表示 10%的显著性水平，* * 表示 5%的显著性水平，* * * 表示 1%的显著性水平；括号内为标准误。

方程(1)只考虑企业本身具有的一些基本特征，决策者所受教育程度能显著地促进企业技术创新活动的发生，企业规模也能对企业技术创新活动起正向作用，但在未考虑其他因素的条件下效果不显著。企业的三种组织结构形式都不能对企业技术创新活动起促进作用，但未能通过显著性检验，因此，对这种作用要持慎重态度。与以往结果不同的是：企业的成立时间长短显著地促进了技术创新活动的发生。这可能是在中国特定的环境下，中小企业生存条件恶劣、竞争压力大,一般以维持为主,很少投资于技术创新活动,成立时间越长的企业越有能力与资本进行技术创新活动。

方程(2)纳入企业的技术、市场、政府和金融外部环境因素。此时,企业成立时间长短对技术创新的正向促进作用仍很显著。内资私有企业对技术创新活动的促进作用在 10%的水平上显著,而国有企业由于权力归属不明确,企业决策机构庞大,并不能有利于技术创新活动的发生。与企业技术创新活动密切相关的研发活动,包括企业研发人数、研发投入、专利授权数、政府的信息支持、政府的研发帮助,都通过了 10%的显著性检验,且政府的研发帮助系数最大。政府在研发方面的帮助一方面能解决企业研发信息不足、研发能力不够等问题,还能最直接的给予企业研发金融支持。

企业如果能积极参与全球经济活动,自然能接触到更多发达国家的先进技术和工艺流程,且国际市场竞争压力也能促进企业进行技术创新,提高产品质量,增加产品利润率。方程(3)将企业参与国际市场的程度纳入方程中。企业机器设备的进口能在 10%的显著性水平下带动企业自主进行技术创新活动,尽管有很多文献认为,受过国外教育的企业主能带来更多技术创新的动力,但本书数据提供的这种正向促进作用并不显著。与以往文献不一致的是:出口与技术创新之间竟然呈负向相关性,但其负向作用概率仅为−0.0027。这一方面说明我国出口产品技术含量低,过多的出口反而将原本应该投入创新中的资源挤占,造成反向作用;另一方面可能是由于本书变量选取的是总出口数占比,并没有分类别考虑;三是因为调查所选行业中制造业所占比例较大,数据代表性可能有一定偏差。

由于企业影响因素的同一大类下分别有几个替代指标,指标之间有一定相关性,为了使结果更可靠,本书删掉前面方程中不显著变量,每一大类仅用一个显著变量表示,输出结果见模型(4)。表中显示,在中国,企业所有制结构与企业是否进行技术创新之间的关系不明显;而企业成立时间长短、研发投入、决策者教育程度、政府研发支持、进口则能显著促进企业创新活动的发生,其中政府研发帮助和企业本身的研发投入对技术创新概率的刺激较大。中国企业为了提高研发能力,促进技术创新活动,一方面政府要给企业提供研发技术支持、信息帮助、金融扶助;另一方面,企业本身也要增加研发投入,提高人力资本水平,特别是作为决策者而言,更要加强学习、参与国际活动、保持先进理念、促进企业技术创新。

进而,本节将区域和行业虚拟变量引入模型(4),即以企业时间、决策者受教育程度、组织结构、研发人数、国外合作市场、政府研发支持、进口为自变量的模型中。

表 8.3 包含区域和行业虚拟变量的技术创新影响因素分析结果

变量名称	(5)	(6)	(7)
企业时间(age)	0.0129** (0.0054)	0.0174*** (0.0029)	0.0042 (0.0059)
研发人数(Res)	0.0128*** (0.0041)	0.0145*** (0.0036)	0.0284*** (0.0085)
进口(imp)	−0.0392 (0.2032)	0.2209** (0.0994)	0.4224* (0.2204)
国有(sown)	−0.0613 (0.8231)	0.2041 (0.8386)	0.9602 (0.8150)
外资(fown)	−0.0182 (0.8179)	0.3073 (0.8369)	0.7757 (0.7984)
内资私有(pown)	0.2258 (0.8107)	0.5287 (0.8339)	1.2234 (0.7984)
决策者教育程度(edu)	0.4601* (0.2445)	0.2615** (0.1093)	0.2023 (0.2278)
政府研发支持(RDassist)	1.2140*** (0.1608)	1.0323*** (0.1069)	1.0419*** (0.2070)
国外合作市场(corpor)	0.0274 (0.2034)	0.2530** (0.1141)	−0.0173 (0.2923)
age×ind/tech/district	−0.0027 (0.0063)	0.0152** (0.0071)	0.0128** (0.0066)
RD×ind/tech/district	0.0180** (0.0071)	0.0170* (0.0091)	−0.0112 (0.0092)
imp×ind/tech/district	0.2326 (0.2262)	0.1993 (0.1947)	−0.1018 (0.2380)
sown×ind/tech/district	0.8208** (0.3279)	1.061*** (0.3509)	−0.5901* (0.3263)
fown×ind/tech/district	0.6889** (0.3244)	0.4237 (0.3173)	−0.2969 (0.4981)
pown×ind/tech/district	0.6368** (0.2729)	0.4388 (0.0268)	−0.6410 (0.2569)
edu×ind/tech/district	−0.0214 (0.2682)	0.0875 (0.2643)	0.1155 (0.2529)
RDassist×ind/tech/district	−0.2041 (0.1949)	0.0278 (0.2023)	0.0203 (0.2290)
corpor×ind/tech/district	0.1425 (0.2308)	−0.1481 (0.2071)	0.3176 (0.3080)
观察变量个数	1499	1499	1499

注：*表示 10%的显著性水平，**表示 5%的显著性水平，***表示 1%的显著性水平；括号内为标准误。

方程(5)纳入产业虚拟变量与方程(4)中各项的交叉项。制造业和服务业存在比较大的产业差异。制造业研发人数的增加,采取技术创新活动的可能性也提高。因服务业的行业特征决定其创新一般在于服务与管理领域,与研发人员的关联性要小些。不管采用哪种组织结构形式,制造业都有可能比服务业更容易采取技术创新活动。

方程(6)考虑高技术行业虚拟变量。经济合作与发展组织(OECD)1994 年选用 R&D 总费用(直接 R&D 费用加上间接 R&D 费用)占总产值比重、直接 R&D 经费占产值比重和直接 R&D 占增加值比重 3 个指标提出了高新技术产业的 4 分类法(即将航空航天制造业、计算机与办公设备制造业、电子与通讯设备制造业、医药品制造业等确定为高新技术产业)。这一分法为世界大多数国家所接受。根据 2002 年 7 月国家统计局印发的《高技术产业统计分类目录的通知》,中国高技术产业的统计范围包括航天航空器制造业、电子及通信设备制造业、电子计算机及办公设备制造业、医药制造业和医疗设备及仪器仪表制造业等行业。本书按照我国统计分类法,高新技术行业 tech=1,其他为 0。由分析结果可知,高新技术行业在企业时间、研发投入和国有企业组织结构上与非高技术行业存在显著差异。高新技术行业日新月异,只有适应科技发展不断前进的企业才能生存。因此,企业时间越长的高新技术行业其技术能力越强,越能意识到技术创新的重要,其从事技术创新活动的概率相对来说也高些。

方程(7)引入区域虚拟变量,发现技术创新的区域效应没有较大差异。发达地区只在成立时间及组织结构上与落后地区有一定区别。发达地区成立时间较久的企业更容易技术创新,因为他们一直需要走在技术前沿;发达地区国有形式的企业相对来说更不容易进行技术创新。

总的来看,企业的研发人数以及政府对企业的研发支持都能明显的促进技术创新活动的发生。

8.4 小　结

技术创新对企业生产效率的提高、生产成本的降低、产品市场占有率的提高以及在消费者心目中地位的上升都至关重要,是影响企业能否持续发展的重要因素之一。本章采用北京、天津、上海、广州、成都五个城市电子设备、电子元件、交通设备及零部件等 5 类制造业企业和广告与营销、信息技术服务等 5 类服务业企业共 1548 家企业的相关调查数据。在 Probit 模型中,依次引入的不同解释变量,分别从企业组织结构、企业基本特征、企业人力资源状况、企业技术环境、企业国际联系、企业面临政府环境、企业市场环境、企业金融环境等方面分析了企业技术创新的影响因素。得出以下结论:第一,纳入企业的技术、市场、政府和金融外部环境因素时,企业成立时间长短对技术创新的正向促进作用仍很显著。第二,在中国,企业所有制结构与企业是否进行技术创新之间的关系不明显。企业成立时间、研发投入、决策者教育程度、政府研发支持、进口则能显著促进企业创新活动的发生,其中政府研发帮助和企业本身的研发投入对技术创新概率的刺激较大。第三,高新技术行业在企业成立时间、研发投入和国有的企业组织结构上与非高新技术行业存在显著差异,企业成立时间越长的高新技术行业其技术能力越强,越能意识到技术创新的重要,其从事技术创新活动的概率相对来说也高些。

第9章 结 语

本章主要总结本书研究所得出的几个基本结论以及创新之处，同时提出可供我们继续研究开放经济促进技术创新的方向和领域。

9.1 主要结论

本书的主要研究内容是实证检验开放经济条件下各个影响因素对中国企业技术创新的作用机制。主要采取指标设计与测度、构建计量模型的研究范式。利用大样本的面板数据，并从更为微观的角度来进行实证检验，分层次做了以下研究：企业技术创新影响因素；开放条件下中国企业的自主创新；出口行为、出口结构和外商直接投资对中国技术创新的影响；对外开放、知识产权保护与技术创新之间的联系。基于实证结果，我们得到以下结论：

第一，促进企业创新的因素丰富多样，且作用效果各不相同。分别从企业组织结构、企业基本特征、企业人力资源状况、企业技术环境、企业国际联系、企业面临政府环境、企业市场环境、企业金融环境等方面探索对企业技术创新的作用，发现企业成立时间长短、研发投入、决策者教育程度、政府研发支持、进口能显著促进企业创新活动的发生，其中政府研发帮助和企业本身的研发投入对技术创新概率的刺激较大。但是企业所有制结构对企业技术创新的作用并不明显。

第二，开放条件下FDI、国际贸易、技术许可三种国际转移方式对我国企业技术创新活动影响不同。其中进口和技术许可促进了企业技术创新能力的提高，进口技术含量更高的产品，并对照其进行模仿创新，是技术落后国家和地区在创新上追赶的捷径之一，对于迅速提高发展中国家产品的技术含量和促进其产业升级帮助极大。技术许可也能达到类似的效果，虽然被许可应用到进口国的技术相对于发达国家的最新技术还是落后不少，但是对于提高像我国这样的发展中国家的整体科技水平，技术许可必不可少。至于FDI对我国技术创新的影响方面，我们从不同角度和层面进行的研究皆认为 FDI 对我国技术创新存在"门槛效应"，即要想获得 FDI 的技术溢出，必须具备相应的人力资本水平和与之相适应的人力资本结构。

第三，出口行为确实提高了我国企业的生产率。出口行为和企业生产率之间确实存在正相关，但是这种正相关究竟是来自于"自我选择"效应还是"出口中学"效应。"自我选择"效应认为企业的高生产率是在做出出口决策之前已经具备的，而不是从出口中获得的，生产率高的企业更倾向于出口。这样即使正相关存在，也不能说明出口行为提高了我国企业的生产率，只有"出口中学"效应才能验证这一假设。本书所做的研究否定了"自我选择"效应，以我国的实际经验验证了"出口中学"理论假说，也从微观视角支持了出口导向型发展战略对我国经济增长的贡献。

第四，我国贸易技术结构升级影响因素方面。经典的比较优势理论解释了国家之间为什么要进行贸易，但是依据该理论，处在贸易低端的国家似乎永远都应该生产技术含量低的产品，如此其贸易技术结构不会进步，无法实现赶超，甚至可能与技术领先国家的差距会越来越大。我国就一直面临出口产品技术含量不高，处于全球价值链的底层的窘境，为了提高我国贸易的技术结构，本书就其影响因素进行研究，发现研发投入、人力资本、贸易开放度、基础设施等因素都能促进出口技术结构的提高，过去我国对这些方面的投入也在连年增长，说明我国贸易技术结构正处在不断提高的过程中。

第五，外商直接投资(FDI)只有在与更合理的制度配合时，才会促进我国技术水平的提高。东道国若想获得 FDI 的技术溢出效应，就需要通过制度建设来提高自身的吸收能力。确立清晰的产权制度并依据法律来确保其得到贯彻，加大对研发的资金和人员投入，重视教育以积累人力资本。从产业层面上看 FDI 的溢出效应，不存在外国直接投资的横向溢出效应，但是有正的后向溢出效应。在劳动密集型行业和资本密集型行业，外国直接投资技术溢出效应存在差异。在劳动密集型行业，既有负的竞争效应，又存在由于劳动力从外资企业回流到国内同行企业所带来的正向技术溢出效应。对于资本密集型产业而言，FDI 的横向溢出效应不明显。

第六，只有当我国技术模仿能力达到一定门槛后，加强知识产权保护才能有效地促进我国的自主创新。考虑了外部知识获取因素后，不管是用劳动生产率、人均资本密集度还是全要素生产率作为技术创新的度量标准，知识产权保护都能有效促进技术创新水平的提升，这种作用可能更多的是来源于技术水平较高的外资企业对内资企业的技术外溢作用，内、外资企业技术水平的提升促进了整个国家的技术创新能力。知识产权保护水平的提高不仅强化了外商直接投资促进技术创新的作用,也强化了国际贸易促进技术创新的作用。

从国际层面考察知识产权对技术创新的促进作用时,知识产权保护强度与技术创新之间并非仅仅是简单的正相关关系。尽管知识产权保护力度的加强促进了自主创新,但随着初始知识产权保护力度的提升,制度促进创新的"专属效应"存在边际递减性。当知识产权的保护力度超过最优阀值后,更严厉的知识产权保护提高了产品价格、强化了专利拥有者的利益攫取,过度的知识产权樊篱更是阻碍了技术的良性传播,导致重复的创新努力与投资,不利于整个社会的技术创新和社会福利的提高。知识产权保护强度与技术创新之间不是线性关系,而是呈现倒U型。那么存在一点,当知识产权保护强度处于这一点时,其对技术创新的促进作用达到最大,即为"最优知识产权"。

9.2 本书创新之处

本书重点研究技术创新的影响因素,我们认为在以下几个方面有非常重要的理论价值和现实意义,创新之处主要归纳如下:

第一,本书率先从企业异质性视角深入考察开放与技术创新的联动效应,实现研究机理上的创新。充分利用开放经济,通过技术创新实现产业结构升级和经济结构转型是我国面临的重要课题之一。而企业作为研发和技术创新主体,企业所有制类型、所处行业特征、管理者决策能力等异质性问题将对企业技术进步和产业结构产生关键影响。本书率先从微观层面解析开放经济条件下企业技术进步以及两者间的动态关联,将该领域研究从以往的宏观层面拓展至微观层面,研究结论深化了对该领域的认识,具有重要的理论和现实意义。

第二,在对我国自主创新能力的研究中,当下所有的文献主要是从FDI的角度进行考量的,通过衡量FDI的进入程度来分析外商直接投资对东道国自主创新能力的影响,忽略了诸如贸易开放度、国际技术转移等指标,本书从贸易开放和国际技术转移的视角对在开放经济条件下影响我国技术创新能力的因素进行实证分析,为该领域研究提供了一个逻辑一致的分析框架和理论解释。在实证研究中,结合省级层面和微观数据,分别研究了开放度水平和国际技术转移方式对技术创新的影响,从开放经济的角度考察我国的对外开放程度与我国自主创新能力之间的关系,用专利申请受理量度量技术创新水平,而不是单从整体上以全要素生产率考察各个因素对我国自主创新能力的影响。

第三,本书不仅从微观层面上探讨了企业出口与生产率的关系,而且更深层次分区域研究了中国出口的技术溢出效应,进一步揭示中国是否通过"出口中学”效应显著提高了国内的全要素生产率。在微观层面的具体研究中，用形式更为灵活的超越对数生产函数测算生产率，并采用系统广义矩估计和 O－P 半参数估计克服了传统估计中存在的同步偏差和选择性偏差。实证结果也证明了“出口中学”效应的存在，为“出口中学”的理论假说提供了中国微观企业层面的经验证据。在省际层面的出口技术溢出效应研究中，得出结论：通过出口获得的国外研发技术的外溢效应并没有与国内的人力资本结合起来对技术进步起到应有的促进作用，提醒应更加注重人力资本的结构和层次，对出口贸易的政策研究具有指导意义。

第四，在研究 FDI 对技术创新的影响时，大多数研究都忽略了制度因素的影响。而中国正在经历经济体制改革，制度因素的影响不容忽视。因此基于我国国情考虑，本书在对李晓钟、张小蒂（2004）模型进行了修正的基础上，通过引入制度变量来进一步分析 FDI 对中国技术创新的影响，为如何提高我国自主创新能力提供理论支持和实证说明。除了理论研究和实证检验，本书还通过思想实验模拟了不同的制度因素对地区技术创新的影响差异，使本书的研究更加具有学术研究和政策参考价值。在研究知识产权保护对技术创新的影响问题上，本书利用 84 个国家的面板数据考察了开放经济条件下知识产权保护制度与技术创新间的作用机理，首次为“最优知识产权”假说提供了来自跨国层面的经验支持。

9.3 进一步研究的方向

本书从理论和实证层面比较全面和深入探讨了技术创新的影响因素，但仍然有一些工作亟待后续的完善。

首先，是理论模型有待进一步完善。本书构建的基于异质性国际技术转移对企业技术创新影响的微观实证模型，开放经济条件下知识产权保护与技术创新的决定模型，微观层面企业技术创新影响因素模型，但该系列理论模型是在一系列严格假定下进行的，理论模型的主要命题在一定程度上严格依赖于模型的假设条件，如何进一步放松模型假设，优化模型结论是下一步应改进的方向。

其次，在将来数据可获取的情况下，本书的实证研究可以进一步的扩展与完善。首先就技术创新的衡量指标而言，无论以专利总量、或是新产品数等指标来衡量技术创新仍是一个较为宽泛的概念，比如专利总数既包括核心技术专利，也包括一些技术含量较低，诸如外形、包装专利等，因此还有待进一步细化的研究；其次，技术创新的决定机制在不同行业间是存在差异的，因此若能将该研究细化至行业层面将具有更为深刻的理论与实践意义；最后，企业作为技术创新的主体，从微观角度考察技术进步与创新问题具有深刻的理论与现实意义，但本书所使用的微观数据年代相对较为早期，若能获得更新的微观数据将有助于研究结论的推广与应用。

以上都是本书相关研究正在努力的方向。

参考文献

[1]Bernard AB, Jensen JB. Exceptional exporter performance: cause, effect, or both. Journal of International Economics, 1999, 47(1): 235-259

[2]Aitken B, Harrison, Ann E. Do Domestic Firms Benefit from Foreign Direct Investment? Evidence from Venezuela. American Economic Review, 1999, 89: 605-618

[3]Antràs P, Helpman E. Global sourcing. National Bureau of Economic Research, 2003. No. w10082

[4]Aghion, Howit. Endogenous growth theory. Cambrige, MIT Press, 1992

[5]Anders Isaksson. Determinants of total factor productivity: a literature review. UNIDO Working Paper, 2007

[6]Andrea Fosfuri, Massimo Motta, Thomas Ronde. Foreign direct investments and spillovers through workers' mobility. Journal of International Economics, 2001, 53: 205-222

[7]Andrew Levin, Lakshmi K Raut. Complementarities between exports and human capital in economic growth: evidence from the semi-industrialized countries. Economic Development and Cultural Change, 1997, 46: 155-174

[8] Alvarez Roberto, cardoA. Lopez. Exporting and performance: evidence from Chilean plants. Canadian Journal of Economics, Canadian Economics Association, 2005, 38(4): 1384-1400

[9]Arellano M, Bond S R. Some tests of specification for panel data: Monte carlo evidence and an application to employment equations. Review of Economic Studies, 1991, 58(2): 277-297

[10]Arnold J M, Hussinger K. Export Behavior and Firm Productivity in German Manufacturing: A Firm-level Analysis. Review of World Economics, 2005, 141 (2): 219-243

[11]Arellano M, Bover O. Another look at the instrumental variable estimation of error components models. Journal of Econometrics, 1995, 68(1): 29-51

[12]Aw BY, Chung S, Mark, et al. Productivity and turnover in the export market: micro-level evidence from the republic of Korea and Taiwan (China). The World Bank Economic Review, 2000, 14(1): 65-90

[13]Aw B Y, Hwang AR . Productivity and the Export Market: A Firm-level Analysis. Journal of Development Economics, 1995, 47: 313-332

[14]Alfaro L, Chanda A, Kalemli-Ozcan. FDI and Economic Growth: the Role of Local Finan-

cial Market. Journal of International Economics,2004,64:113-134

[15]Almeida R,Fernandes AM. Openness and Technological Innovations in Developing Countries:Evidence from Firm-Level Surveys. Policy Research Working Paper,2007

[16]Anneloes,Jan F,Hesen B. Innovation Capabilities of European Nations Cress-uational Analyses of Patents and Sales of Product Innovations. Research Policy,2004,33:193-207

[17]Anselin L,Varga A,Acs Z. Local Geographic Spillovers between University Research and High Technology Innovations. Journal of Urban Economics,1997,42(3):422-448

[18]Blind K,Grupp H. Interdependencies between the Science and Technology Infrastructure and Innovation Activities in German Regions: Empirical findings and Policy Consequences. Research Policy,1999,28

[19]Bode E. 2004,The Spatial Pattern of Localized R&D Spillovers: An Empirical Investigation for Germany. Journal of Economic Geography,4(1):43-64

[20]Branstetter,Lee,Raymond Fisman C. Do Stronger Intellectual Property Rights Increase International Technology Transfer Empirical Evidence from US Firm-Level Panel Data. Quarterly Journal of Economics,2006,121(1):321-349

[21]Basu S,Fernald,JG. Returns to scale in US production:estimates and implications. Journal of Political Economy,1997,105(2):249-283

[22]Bellak C. How domestic and foreign firms differ and why does it matter? . Journal of Economic Survey,2004,18(4):483-514

[23]Branstetter,Lee. China's changing role in East Asia and the world economy. MITI Research Review,2000,14(3):98-121

[24]Buckley PJ,Clegg J,Wang,C. The impact of inward FDI on the performance of Chinese manufacturing firms. Journal of International Business Studies,2002,334:637-655

[25]Baldwin JR,W. Gu. Export-market participation and productivity performance in Canadian manufacturing. Canadian Journal of Economics,2003,36(3):634-657

[26]Balassa,B. Exports and economic growth:further evidence,Journal of Development Economics,1978,51(2):189-191

[27]Bernard A. B. ,Jensen,J. B. Exporters,Jobs and Wages in U. S. Manufacturing,1976—1987. Brookings Papers on Economic Activity,Microeconomics,1995:67-119

[28]Bernard,AB,Jensen JB. Exceptional exporter performance: cause,effect,or both. Journal of International Economics,1999,47(1):1-25

[29]Bernard AB,Wagner J. Export entry and exit by German firms. Review of World Economics,2001,137(1):105-123

[30]Bernard,AB,Jensen JB. Entry,Expansion and Intensity in the US Export Boom,1987-1992. Review of International Economics,2004,12(4):662-675

[31]Bernard,AB,Jensen JB,Redding,S. J. ,et al. Firms in International Trade. Journal of Economic Perspectives,2007,21(3):105-130

[32] Bernard AB, Redding S. J. Schott P. K. Multi-Product Firms and Trade Liberalization. Tuck School of Business Working Paper, No. 2008-44, 2006,

[33] Biesebroeck, VJ. Exporting raises productivity in sub-Saharan African manufacturing firms. Journal of International Economics, 2005, 67(2): 373-391.

[34] Blalock G, Gertler JP. Learning from exporting revisited in a less developed setting. Journal of Development Economics, 2004, 75(2): 397-416

[35]Blundell RW, Bond SR. Initial conditions and moment restrictions in dynamic panel data models. Journal of Econometrics, 1998, 87(1): 115-143

[36] Broensztein, E Gregorio, Lee. How Does Foreign Direct Investment Affect Economic Growth? . Journal of International Economics, 1998, 45(1): 115-135.

[37]Bender, S. Trade and Comparative Advantage of Asian and Latin American Manufactured Export. APEC Study Center Consortium Conference, 2001

[38]Bin Xu. The Sophistication of Exports: Is China Special? . China Economic Review, 2010, 21(3): 482-493

[39]Blomström, M, Kokko, A. Multinational corporations and spillovers. Journal of Economic Surveys, 1998, 12(3): 1-31

[40]Blumenthal, T. Japan's technological strategy. Journal of Development Economics, 2001, 3(3): 245-255

[41]Branstetter, Lee, Raymond Fisman, et al. Do stronger intellectual property rights increase international technology transfer? Empirical evidence from US firm-level panel data. Quarterly Journal of Economics, 2006, 121(1): 321-349

[42]Caves, RE. Multinational firms competition and productivity in host-country markets. Economica, 1974, 41: 176-193

[43]Caves, RE Multinational enterprise and economic analysis. London: Cambridge university press, 1996

[44]Cesare . I, Filippo R. Productivity spillover and regional differences: Some evidence on the Italian manufacturing sector. Centro Di Economica Dellavoro Edi Politica Economical Discusion Paper, 1999, 48

[45]Cheung KY, Lin P. Spillover Effects of FDI on Innovation in China Evidence from Provincial Data. China Economic Review, 2004, 15(1): 25-44

[46]Coe, David T, Helpman Elhanan. International R&D spillovers. European Economic Review, 1995, 39(5): 859-887

[47]Conklin David, Donald Lecraw. Restrictions on foreign ownership during 1984-1994: developments and alternative policies. Transnational Corporations, 1997, (6): 1-30

[48] Crespo N, Fontoura, MP. Determinant factors of FDI spillovers—what do we really know? . World Development, 2007, 35(3): 410-425

[49]Coe DT, Helpman E, Hoffmaister. North South R&D Spillovers. Economic Journal, 1997,

107(440):134-149

[50]Castellani D. Export behavior and productivity growth:evidence from Italian manufacturing firms. Review of World Economics,2002,138(4):605-628

[51]Chow PCY. Causality between export growth and industrial development:empirical evidence from the NICs. Journal of Development Economics,1987,26(1):55-63

[52]Clerides SK,Lach S,Tybout JR. Is learning by exporting important? Micro-dynamic evidence from Colombia, Mexico, and Morocco. Quarterly Journal of Economics, 1998, 113 (3):903-947

[53]Cresp,i G. ,Criscuolo C. ,Haske,l J. Information Technology,Organizational Change and Productivity Growth:Evidence from UK Firms. Department of Economics working papers 558,Queen Mary,University of London,2006

[54]Cai Fang,Wang D,Du Y. Regional disparity and economic growth in China:the impact of labor market distortions. China Economic Review,2002,13(2):197-212

[55]Caves RE. Multinational firms competition and productivity in host-country markets. Economica, 1974,(41):176-193

[56]Chen,Yongmin,Thitima Puttitanun. Intellectual Property Rights and Innovation in Developing Countries. Journal of Development Economics,2005,78(2):474-493

[57] Caner, Mehmet, Hansen, Bruce E. Instrumental Variable Estimation Of A Threshold Model. Econometric Theory,2005,20(5):813-843

[58]CheungKni—yin,Ping Lin. Spillover Effects of FDI on Innovation in China:Evidence from the Provincial Data. China Economic Review,2004,15:25-44

[59]Christina D,Romer. Remeasuring business cycles. National Bureau of Economic Research, NBER Working Papers 4150,1995

[60] Caloghirou Y, Kastelli I, Tsakanikas A. Internal capabilities and external knowledge sources:complements or substitutes for innovative performance. Technovation, 2004, 24 (1):29-39

[61]Diwan I, Rodrik D. Patent, Appropriate Technology, and North-South Trade. Journal of International Economics,1991,30(1):27-48

[62]Dolan C,Humphrey J. Governance and trade in fresh vegetables:the impact of UK supermarkets on the Afrocan horticulture industry. Journal of Development Studies, 2000, 37 (2):147-176

[63]Dries L,Swinnen JFM. Foreign direct investment,vertical integration,and local suppliers: evidence from the polish dairy sector. World Development,2004,32(9):1525-1544

[64]Driffield N,Munday M,Roberts A. Foreign direct investment,transactions linkage and the performance of the domestic sector. International Journal of the Economics of Business, 2002,9(3):335-351

[65]Delgado, Miguel A, Farinas JC, et al. Firm productivity and export markets: a non-para-

metric approach, Journal of International Economics, 2002, 57(2): 397-422

[66]De Loecker J. Do Exports Generate Higher Productivity? Evidence from Slovenia. Journal of International Economics, 2007, 73(1): 69-98

[67]Dollar, D. Outward-oriented developing economies really do grow more rapidly: evidence from 95 LDCs, 1976—1985. Economic Development and Cultural Change, 1992, 40(3): 523-544

[68]Deardorf, f A. V. Welfare effects of global patent protection. Economical, 1992, 59: 35-51

[69]Dimelis S, Louri H. Foreign Ownership and Production Efficiency: A Quantile Regression Analysis. Oxford Economic Paper, 2002, 54(3): 449-469

[70]Dinopoulos E. Schumpeterian product evolution and vanishing growth. Mimo, Florida: the university of Florida, 1991, 118-190

[71]Eaton J, Kortum S. Trade in ideas: patenting and productivity in the OECD. Journal of International Economics, 1996, 40(3): 251-278

[72]Eicher, Theo, Cecilia, et al. Endogenous strength of intellectual property rights: Implications for economic development and growth. European Economic Review, 2008, 52(2): 237-258

[73] Faley P, et al. Import, Export, Knowledge Spillovers and Growth. Economic Letters, 2004, 85(2): 209-213

[74] Fan C, Hu YF. Foreign Direct Investment and Indigenous Technological Efforts: Evidence from China , Economics Letters, 2007, 96(2): 253-258

[75]Feder G. On exports and economic growth. Journal of Development Economics, 1982, 12 (1): 59 - 73

[76]Frank R. Lichtenberg, Bruno van Pottelsberghe de la Potterie. International R&D spillovers: A comment. European Economic Review, 1998, 42(8): 1483-1491

[77]Finger JM, Kreinin ME. A Measure of Export Similarity and Its Possible Uses. Economic Journal, 1979, 89(356): 905-912

[78] Furukawa Yuichi. Intellectual property protection and innovation. Economics Letters, 2010, 109(2): 99-101

[79]Furman Jefrey L, Michael E-Porterand Scott Stem. The Determinants of National Innovative Capacity. Research Policy, 2002, 31(6): 899-933

[80]Griffith R, Redding S, Reenen JV. Mapping Two Faces of R&D: Productivity Growth in a Panel of OECD Industries. The Review of Economics and Statistics, 2000, 86(4): 883-895

[81]Greunz L. Industrial Structure and Innovation-Evidence from European Regions. Journal of Evolutionary Economics, 2004, 14(5): 563-592

[82] Glass, Amy, Kamal Saggi. Intellectual Property Rights and Foreign Direct Investment. Journal of International Economics, 2002, 56(2): 387-410

[83] Ginarte, Park. Determinants of patent rights: a cross-national study. Research Policy,

1997,26(3):283-301

[84]Grossman G M, Helpman E. Quality Ladders in the Theory of Growth. Review of Economic Studies, 1991, 58(1):43-61

[85] Blalock G, Gertler PJ. Learning from exporting revisited in a less developed setting. Journal of Development Economics, 2004, 75 (2):116-135

[86]Grossman G, Helpman E. Innovation and Growth in the World Economy. Cambridge MIT Press, 1991

[87]Gerschenberg I. The training and spread of managerial know-how: a comparative analysis of multinationals and other firms in Kenya. World Development, 1987, 15(7):931-939

[88]Glass AJ, Saggi K. International technology transfer and the technology Gap. Journal of development economics, 1998, 55(2):369-398

[89]Görg, H. , Greenaway D. Much ado about nothing Do domestic firms really benefit from foreign direct investment? . CEPR Discussion Paper 3485, London: CEPR178-197, 2002

[90] Görg H, Strobl E. . Multinational companies and productivity spillovers: a meta-analysis. Economic Journal, 2001, 111(475):723-739

[91] Görg, Holger, Greenaway D. Much ado about nothing Do domestic firms really benefit from foreign direct investment? . World Bank Research Observe, 2004, 19(2):171-197

[92]Grossman Gene, Helpman Elhanan. 1995, Technology and Trade. CEPR Discussion Papers 1134

[93] Griffith R, Redding S, J. , Van Reenen. Mapping the two faces of R&D: productivity growth in a panel of OECD countries. Review of Economics and Statistics, 2004, 86(4): 883-895

[94]Grossman GM, Helpman E. Quality ladders and product cycles. Quarterly Journal of Economics, 1991, 106(2):557-586

[95]Girma S, Greenaway D, Kneller R. Does exporting increase productivity? A micro-econometric analysis of matched firms. Review of International Economics, 2004, 12:855-866

[96]Greenaway D, Kneller R. Exporting and Productivity in the UK. Oxford Review of Economic Policy, 2004, 20(3):358-371

[97] Girma S, Greenaway D, Wakelin K. Who benefits from foreign direct investment in the UK? . Scottish Journal of Political Economy, 2001, 48(2):119-133

[98]Globerman S. Foreign direct investment and spillover efficiency benefits in Canadian manufacturing industries. Canadian Journal of Economics, 1979, 12(1):42-56

[99]Griffith-Jones S. , Segoviano MA, Spratt S. The onward March of Basel II: can the interests of developing countries be protected. Institute of Development Studies, University of Sussex, 2002, 6:26-71

[100] Haddad M, Harrison A. Are there spillovers from direct foreign Investment? Evidence from panel data for Morocco. Journal of Development Economics, 1993, 42(1):51-74

[101]Haskel JE, Pereira, S. C. , Slaughter, M. J. Does inward foreign direct investment boost the productivity of domestic firms? . The Review of Economics and Statistics, 2007, 89 (3): 482-496

[102]Huang JT. Spillovers from Taiwan, Hong Kong, and Macau investment and from other foreign investment in Chinese industries. Contemporary Economic Policy, 2004, 22(1): 13-25

[103]Head K, Ries J. Heterogeneity and the FDI versus Export Decision of Japanese Manufacturers. Japanese Int. Economies, 2003, 17(4): 448-467

[104]Helpman Gene M. Grossman, Adam Szeidlc. Optimal integration strategies for the multinational firm. Journal of International Economics, 2006, 70(1): 216-238

[105]Haley G. Intellectual property rights and foreign direct investment in emerging markets. Marketing Intelligence & Planning, 2000, 18(5): 273-280

[106]Hanson G. Should countries promote foreign direct investment? . G-24, Discussion Paper 9, UNCTAD, Geneva: UNCTAD 12, 2001, 79-120

[107]Hausmann R, Hwang J, Rodrik D. What you export matters. Journal of Economic Growth, 2007, 12(1): 1-25.

[108]Helpman E. The structure of foreign trade. Journal of Economic Perspectives, 1999, 13: 121-144

[109]Helpman E, Marc J. Melitz MJ, Stephen R. Yeaple SR. Export Versus FDI with Heterogeneous Firms. American Economic Review, 2004, 94(1): 300-316

[110]Holger Görg, Eric Strobl. Spillovers from foreign firms through worker mobility: an empirical investigation. Scandinavian Journal of Economics, 2005, 107(4): 693-709

[111]Hummels, Klenow. The Variety and Quality of a Nation's Exports. American Economic Review, 2005, 95(3): 704-723

[112]Hausman J. Specification Tests in Economics. Econometrics, 1978, 46: 1251-1271

[113]Hallward Driemeier, Giuseppe Iarossi. Exports and Manufacturing Productivity in East Asia: A Comparative Analysis with Firm-Level Data. National Bureau of Economic Research, 2002. No. w8894.

[114]Hua Wang, Jingjing Yang, Mingyong Lai. Export Behavior and Firm Productivity in China. Journal of Chinese Economic and Business Studies, 2009, 7(4): 409-428

[115]Helpman Elhanan. Innovation, Imitation, and Intellectual Property Rights. Econometria, 1993, 61: 1247-1280

[116]Isaksson A. The importance of human capital for the trade-growth link, UNIDO Working Paper, Vienna: UNIDO, 2001

[117]Im KS, Pesaran MH, Shin, Y. 2003, Testing for unit roots in heterogeneous panels. Journal of Econometrics, 115(1): 53-74

[118]Inbriani C, Reganati F. International efficiency spillovers into the Italian manufacturing

sector English summary. Economica,1997,50(4):583-595

[119]Javorcik B. Does foreign direct investment increase the productivity of domestic firms? In search of spillovers through backward linkages. American Economic Review, 2004, 94 (3):605-627

[120]Jiang X. Economics of China's foreign investment:contribution to growth,structure and competitiveness. Beijing:Publisher of China's People University,2002

[121]Jaffe AB. Technological opportunity and spillovers of R&D: evidence from firms' patents,profits,and market value. American Economic Review,1986,76:984-1001

[122]Jakob B,Madsen. A century of economic growth: the social returns to investment in equipment and structures. Manchester School, University of Manchester, 2005, 73(1): 101-122

[123]Jinli Zeng. Innovative vs. imitation R&D and economic growth. Journal of Development Economics,2001,64:499-528

[124]Javorcik BS. Does Foreign Direct Investment Increase The Productivity of Domestic Firms? In Search of Spillovers Through Backward Linkages. American Economic Review,2004,94 (3):605 - 627

[125]Jakob B,Madsen. Technology Spillover through Trade and TFP Convergence:120 Years of Evidence for the OECD Countries. Journal of International Economics,2007,72(2): 464-480

[126]Eaton J,Kortum S. Trade in Ideas: Patenting and Productivity in the OECD. Journal of International Economics,1996,40:251-278

[127]Holmes J,Schmitz A. Competition at Work: Railroads vs. Monopoly in the US Shipping Industry. Federal Reserve Bank of Minneapolis Quarterly Review,2001,25:3-29

[128]Jorge Crespo,et al. International Technology Diffusion through Imports and Its impact on Economic Growth. European Economy Group Working Papers 12,2002

[129]Jensen JB,Musick N. Trade,Technology and Plant Performance. Industrial Organization 9603004,EconWPA,1996

[130]Kanwar Sunil,Robert Evenson. Dose intellectual property protection spur technological change? . Oxford Economic Papers,2003,55:235-264

[131]Kimura F,Kiyota K. Exports,FDI and Productivity: Dynamic Evidence from Japanese Firms. Review of World Economics,2006,142 (4):695-719

[132]Kraay A. Exports and economic performance: evidence from a panel of Chinese enterprises. World Bank Mimeo,1999,17-34

[133]Keller W. Do Trade Patterns and Technology Flows Affect Productivity Growth?. World Bank Economic Review,2000,14:17-47

[134]Keller,W. International Technology Diffusion. Journal of Economic Literature,2004,9: 752-782

[135] Keller W, Yeaple SR. Multinational enterprises, international trade and productivity growth: firm-level evidence from the United States. NBER Working Paper No. 9504, Cambridge, MA: NBER 335-400, 2003

[136] Keller, Wolfgang. International technology diffusion. CEPR Discussion Papers, 2002

[137] Kokko A. Productivity spillovers from competition between local firms and foreign affiliates. Journal of International Development, 1996, 8: 517-530

[138] Kokko A. Technology, market characteristics, and spillovers. Journal of Development Economics, 1994, 43: 279-293

[139] Kokko A, Zejan R. Local Technological Capability and Productivity Spillovers From FDI In the Uruguayan Manufacturing Sector. Journal of Development Studies, 1996, 32: 602-611

[140] Klette TJ, Moen J, Griliches Z. Do Subsidies to commercial R&D reduce market failures? Microeconometric Evaluation Studies. Papers 16/99. Norwegian School of Economics and Business Administration, 1999

[141] Kugler M. Spillovers from foreign direct investment: within or between industries. Journal of Development Economics, 2006, 80: 444-477

[142] Kumar N. Globalisation and the quality of foreign direct investmen. Oxford: Oxford University Press, 2002, 120-243

[143] Levin A, Lin CF, Chu CS. Unit root test in panel data: asymptotic and finite-sample properties. Journal of Econometrics, 2002, 108: 1-24

[144] Li Yang, Jin-Li Hu R&D. 2002, FDI and efficiency of small and medium-sized firm.

[145] Liu X, Siler P, Wang C, Wei Y. Productivity spillovers from foreign direct investment: evidence from UK industry level panel data. Journal of International Business Studies, 2000, 31(3): 407-425

[146] Liu X, Wang C, Wei Y. Do local manufacturing firms benefit from transactional linkages with multinational enterprises in China? . Journal of International Business Studies, in press, forthcoming, 2009

[147] Lucas, R. E. On the Mechanics Development. Journal of Monetary Economics, 1998, 22: 3-42

[148] Lai Edwin. International intellectual property rights protection and the rate of product innovation. Journal of Development Economics, 1998, 55: 133-141

[149] Lai Mingyong, Wang Hua, Shujin Zhu. Double-Edged Effects of Technology Gap and Technology Spillovers: Theory and Chinese Industry Study. China Economic Review, 2008, 20(3): 414-424

[150] Lall Sanjaya. The Technological Structure and Performance of Developing Country Manufactured Exports 1985—1998. Oxford Development StudiesVol. , 2000, 28: 337-368

[151] Lall Sanjaya. The Technological Structure and Performance of Developing Country Man-

ufactured Exports 1985—1998,Oxford Development StudiesVol. ,2002,28:222-237

[152]Lall Sanjaya,Weiss John,Zhang Jinkang. The 'sophistication' of exports:A new trade measure. World Development,2006,34:222-237

[153] Laurence J, Kotlikoff, Edward E. Leamer EE, et al. The International Economics of Transitional Growth:The Case of the United States. NBER Working Papers 0773,1980

[154]Lake AW. 1979,Technology creation and technology transfer by multinational firms in R. G Hawkins. Research in International Business and Finance,147-161

[155] Lichtenberg, Pottel. 2000, Does foreigen direct investment transfer technology across borders? . The Review of Economics and Statistics,490-497

[156]Lipsey,Robert E. 2002,Home and host country effects of FDI. NEBR Working,92-93

[157]Lucas,R. 1988,On the Mechanics of Economic Development". Journal of Monetary Economics Vol. ,22:3-42

[158]Luis Miotti,Frédérique Sachwald. Co-operative R&D: why and with whom?: An integrated framework of analysis. Research Policy,2003,32:1481-1499

[159]Lichtenberg, Pottel. Does Foreign Direct Investment Transfer Technology across Borders? The Review of Economics and Statistics,2001,83(3):490-497

[160]Loecker D. Do exports generate higher productivity? Evidence from Slovenia. Journal of International Economics,2007,73(1):69-79

[161]Levin A, Raut LK. Complementarities between export and human capital in economic growth:evidence from the semi-industrialized countries. Economic Development and Cultural Change,1999,(46):155-174

[162]Lerner Josh. The empirical impact of intellectual property rights on innovation: Puzzle and Clues. American Economic Review,2009,99:343-348

[163]Ginarte,Juan C,Walter G. Park,Determinants of Patent Rights:A Cross-National Study. Research Policy,1997,26:283-301

[164]Li Haizheng,Barbra M,Fraumeni et al. 2009,Human Capital in China. NBER Working Paper No. 15500,http://papers. nber. org/papers/w15500

[165]Llerena P,Oltra V. Diversity of Innovative Strategy as A Source of Technological Performance. Structural Change and Economic Dynamics,2002,13:179-120

[166]Mansfield E. Technical change and the rate of imitation. Economica,1961,29:741-766

[167]Mansfield E. Intellectual Property Protection,Direct Investment and Technology Thansfer:Germany,Japan and the United States. The World Bank,International Finance Corporation Discussion Papers 27,1995

[168]Maskus,Keith E,Ganslandt Mattias. 2007,Intellectual Property Rights,Parallel Imports and Strategic Behavior,Research Institute of Industrial Economics Working Paper Series 704

[169]Markus KE,Penubarti M. How trade-related are intellectual property rights? . Journal

of International Economics, 1995, 39: 227-248

[170]McCalman P. Reaping what you sow: an empirical analysis of international patent harmonization. Journal of international Economics, 2002, 55: 161-186

[171]Michaely M. Trade, Income Levels and Dependence. Amsterdam, North-Holland, 1984

[172]Marc J, Melitz. The Impact of trade on Intra-Industry Reallocations and Aggregate Industry Productivity Econometrica. Econometric Society, 2003, 71(6): 1695-1725

[173]MacDougall G D. A. The benefits and costs of private investment from abords: a theoretical approach. Economic Record, 1960, 13-35

[174]Markusen, James R. Intellectual property rights and multinational investment in developing countries. Journal of International Economics, 2001, 53: 189-204

[175] Mariano N. , Plar Q. Absorptive capacity, technological opportunity. knowledge spillovers and innovative Technovation, 2005, 25: 1141-1157

[176]Mansfield E. Technical change and the rate of imitation. Economica, 1961, 29: 741-766

[177]Mayer J. Technology diffusion, human capital and economic growth in developing countries. Discussion Papers, No. 154, Geneva: United Nations Conference on Trade and Development, 2001, 172-192

[178] Mei Ji. Trade, Foreign direct investment and spillover effect: an empirical analysis on FDI and import from G7 to China. The International Journal of Economic Policy Studies, 2006, 10: 109-137

[179]Melitz M. The impact of trade on intra industry reallocations and aggregate industry productivity. Econometrics, 2003, 71: 1695-1725

[180]Miller SM, Upadhyay MP. The effects of openness, trade orientation, and human capital on total factor productivity. Journal of Development Economics, 2000, 63: 399-423

[181]Maddala GS, Wu S. Comparative study of unit root tests with panel data and a new simple test. Oxford Bulletin of Economics and Statistics, 1999, 61: 631-652

[182]Nadiri M. Ishaq, Mamuneas, Theofanis P. The Effects of public infrastructure and R&D capital on the cost structure and performance of U. S. Manufacturing Industries, 1991, 76 (1): 123-146

[183]Nelson R. National innovation system: a retrospective on a study. Industrial and Corporate Change, 1992, 597-617

[184] Nitin Nohria, Carlos Garcia-Pont. Global strategic linkages and industry structure. Strategic Management Journal, 1991, 12(S1): 105-124

[185]Namini JE, Lopez RA. Random versus Conscious Selection into Export Markets: Theory and Empirical Evidence. Duisburg Essen University Working Paper, 2006

[186]Nguyen P, Saviotti PP, M. Trommetter. Variety and the Evolution of Refinery Processing. Industrial and Corporate Change, 2005, 14: 469-500

[187]Olley SG, Pakes A. The dynamics of productivity in the telecommunications equipment

industry. Econometrica,1996,64(6):1263-1297

[188]O'Donoghue,Ted,Josef Zweimuller. Patents in a Model of Endogenous Growth. Journal of Economic Growth,2004,9:81-123

[189]Park,Walter G. Do Intellectual Property Rights Stimulate R&D and Productivity Growth Evidence from Cross-national and Manufacturing Industries Data. In Jonathan Putnam,Intellectual Property and Innovation in the Knowledge-Based Economy. Ottawa:Industry Canada,2005,9:1-51

[190] Park, Walter G. Intellectual Property Rights and International Innovation. In Keith Maskus (ed.) Frontiers of Economics and Globalization,Handbook Series,Elsevier Science,2008

[191]Papyrakis E,Gelagh R. Natural Resources:A Blessing or a Curse? ,FEEM Working Paper No. 8,2003

[192]Perkins DH. Reforming China's economic system. Journal of Economic Literature,1988,26(2):601-645

[193]Prencipe A. Technological Competencies and A Products Evolutionary Dynamics:A Case Study from the Aero-Engine industry. Research Policy,1997,25:1261-1276

[194]Ping Lin,Kamal Saggi. Backward linkages under foreign direct investment,2003

[195]Rita Almeida Ana Margarida Fernandes. Openness and technological innovations in developing countries: evidence from firm-level surveys. IZA Discussion Paper No. 2907,2003

[196]Romijn H. ,Albaladejo M. Determinants of innovation capability in small electronics and software firms in southeast England. Research PolicyVol. 2002,31:1053-1067

[197]Richard R. Nelson,Katherine Nelson. Technology,institutions,and innovation systems. Research Policy,2002,31:265-272

[198] Rosen D Behind the open door: foreign enterprises in the Chinese marketplace. New York:Institute in International Economics,1999,132-137

[199]Evenson R E,Westphal L E. Technological change and technology strategy. Handbook of Development Economics,1995

[200]Rhee Y,Larson B R,Pursell G. Korea's competitive edge:managing the entry into world markets. Baltimore:Johns Hopkins University Press,1984,for the World Bank,Baltimore,MD

[201] Falvey R, Foster N, Greenaway D. Imports, exports, knowledge spillovers and growth. Economics Letters,2004,85(2):209-213

[202]Roberts M J,James R T. The Decision to Export in Colombia:an Empirical Model of Entry with Sunk Costs. American Economic Review,1997,87:545-564

[203]Rodrik D. What is So Special about China's Exports? . China and the WorldEconomy,2006,14 (5):1-19

[204]Evenson R E,Westphal L E. Technological Change and Technology Strategy. Handbook of Development Economics,1995,8:22-28

[205]Robert E,lucas. On the mechanics of economic development. Journal of Monetary Economics,1988,22:3-42

[206] Romer, Paul M. Endogenous technological change. Journal of Political Economy. University of Chicago Press,1990,98:71-102

[207]Romer P M. Increasing returns and long-run growth. The Journal of Political Economy, 1986,94:1002-1037

[208]Rothwell. Innovation and Re-Innovation:A role for the user. Journal of Marketing Management,1986,2:168-186

[209] R. Falvey, Foster N, Greenaway D. Imports, exports, knowledge spillovers and growth. Economics Letters,2004,85(2):209-213

[210]Ram R. Exports and economic growth:some additional evidence. Economic Development and Cultural Change,1985,33(2):415-425

[211]Roberts M,Tybout J. The decision to export in Colombia:an empirical model of entry with sunk costs. American Economic Review,1997,87(4):545-564

[212]Rapp,Rozek. Benefits and costs of intellectual property protection in developing countries. Journal of World Trade,1990,75-77

[213]Schneider,Patricia H. International Trade,Economic Growth,and Intellectual Property Rights:A Panel Data Study of Developed and Developing Studies. Journal of Development Economics,2005,78:529-547

[214]Segerstrom P S,Anant T C,Dinopoulos E. A Schumpeterian Model of the Product Life Cycle. American Economic Review,1990,80:1077-1092

[215]Shapiro,Carl. Navigating the Patent Thicket:Cross Licenses,Patent Pools,and Standard Setting. Innovation Policy and the Economy,2001,1:119-150

[216] Schumpeter J A. Theorie der wirtschaftlichen Entwicklung. München und Leipzig: Duncker & Humblot,1926,125-170

[217]Segerstrom P. S I. innovation,imitation and economic growth. Journal of Political Economy,1991,99:807-827

[218]Sjoholm F. International transfer of knowledge:the role of international trade and geographic proximity. Weltwirtschaftliches Archive,1996,132:97-115

[219]Smeets R. Collecting the pieces of the FDI knowledge spillovers puzzle. World Bank Research Observer,2008,23:107-138

[220]Solow. Robert. Technical change and the aggregate production function. Review of Economics and Statistics,1957,39:312-320

[221]Sachs J,Warner A. Natural Resource Abundance and Economic Development:the Curse of Natural Resources. European Economic Review,2001,45:827-838

[222]Schott Peter. The Relative Sophistication of Chinese Exports. Economic Policy,2008,1:5-49

[223]Sofronis Clerides,Saul Lach,James Tybout. Is Learning by Exporting Important? Microdynamic Evidence from Colombia, Mexico and Morocco. Journal of Economics, 1998, (113):903-948

[224]Sadayuki Takii. Productivity spillovers and characteristics of foreign multinational plants in Indonesian manufacturing 1990-1995. Journal of Development Economics, 2005, 76: 521-542

[225]Schoor K, Bartoldus. van der Tol. The productivity effect of foreign ownership on domestic firms in Hungary. Paper Presented at the International Atlantic Economic Conference in Philadelphia,2001,10:11-14

[226]Sinani E, Meyer KE. Spillovers of technology transfer from FDI: the case of Estonia. Journal of Comparative Economics,2004,32(3):445-466

[227]Sjöholm,F. Productivity growth in Indonesia:The role of regional characteristics and direct foreign investment. Economic Development and Cultural Change,1999,47:559-584

[228]Salomon Robert,Jin Byungchae. Does Knowledge Spill to Leaders or Laggards? Exploring Industry Heterogeneity in Learning by Exporting. Journal of International Business Studies,2008,39:132-150

[229]Solow,Robert. Technical change and the aggregate production function. Review of Economics and Statistics,1957,39:312-320

[230]Souitaris V. External communication determinants of innovation in the context of a newly industrialized country: a comparison of objective and perceptual results from Greece. TechnovationVol,2001,21:25-34

[231]Tu Z , Xiao G. The revolution of industry productivity in China. Economic Research Journal,2005,403:4-15

[232]Taylor M S. TRIPS, trade, and technology transfer. Canadian Journal of Economics, 1993,26:625-637

[233]Teece D J. Profiting from technological innovation:implications for intergration,collaboration,licensing and public. Research Policy,1986(15):285-305

[234]Varsakelis,Nikos C. The Impact of Patent Protection,Economy Openness and National Culture on R&D Investment:A Cross-Country Empirical Investigation. Research Policy, 2001,30:1059-1068

[235]Park W G, Douglas C, Lippoldt. Technology transfer and the economic implications of the strengthening of intellectual property rights in developing countries. OECD Trade Policy Working Papers 62,OECD,Trade Directorate,2008,62-75

[236]Wang Zhi, Wei Shangjin. The rising sophistication of China's exports:assessing the roles of processing trade, Foreign Invested Firms, Human Capital, and Government Poli-

cies. Working Paper for NBER Conference on China's Growing Role in World Trade,2007

[237]Wei Y. ,Liu X. Foreign direct investment in China——determinants and impact,Cheltenham and Northampton. Edward Elgar,2001,192-320

[238]Winter Nelson,Alex,Karl Rich. Mad Cows,Sick Birds. What international response to animal disease in developing countries? . Development Policy Review,2008,2:211-226

[239] Woerter M. Industrial Diversity and Its Impact on the Innovation Performance of Firms. Journal of Evolutionary Economics,2009,19:675-700

[240]Wolfgang Keller. Are international R&D spillovers trade-related? ——Analyzing spillovers among randomly matched trade partners. European Economic Review, 1998, 42: 1469-1481

[241]Wagner J. The causal effect of exports on firm size and labor productivity:First evidence from a matching approach. Economics Letters,2002,77(2):287-292

[242]Wang Z, Wei S J. What Accounts for the Rising Sophistication of China's Exports?. NBER Working Paper No. 13771,2008

[243] Wolfgang Keller. International Technology Diffusion. Journal of Economic Literature, 2004,42(3):752-782

[244]Weatherspoon D D,Reardon T. The rise of supermarket in Africa:implications for agrifood systems and the rural poor. Development Policy Review,2003,21:333-356

[245]Wei Y,Liu X. Productivity spillovers from R&D,exports and FDI in China's manufacturing sector. Journal of International Business Studies,2006,37:544 - 545

[246]Xu B,Lu J Y. Foreign Direct Investment Processing Trade and the Sophistication of China's Exports. China Economic Review,2009,20 (3):425-439

[247]Xu B. The Sophistication of Exports:Is China Special ? China Economic Review,2010, 21(3):482-493

[248]Yasar M,Raciborski R,Poi B. Production function estimation in Stata using the Olley and Pakes method. Stata Journal,2008,8(2):221-231

[249]Young A. Growth Without Scales Effects. Journal of Politics Economy,1998,106:41-63

[250]Yuko Kinoshita. R&D and technology spillovers via FDI:Innovation and absorptive capacity. Working paper,2000,1-23

[251]Yang,Guifang,Keith E. Maskus. Intellectual Property Rights,Licensing,and Innovation in an Endogenous Product-Cycle Model. Journal of International Economics,2001,53: 169-187

[252]包群,赖明勇,阳小晓．外商直接投资、吸收能力与经济增长．上海:上海三联出版社,2006

[253]包群,许和连,赖明勇．出口贸易如何促进经济增长——基于全要素生产率的实证研究. 上海经济研究,2003(3)

[254]曹庆奎,任向阳,刘琛,等．基于粗集、未确知测度模型的企业技术创新能力评价研究．系统工程理论与实践,2006(4)

[255]陈涛涛,陈娇．行业增长因素与我国 FDI 行业内溢出效应．经济研究,2006(6)

[256]陈涛涛．影响中国外商直接投资溢出效应的行业特征．中国社会科学,2003(4)

[257]陈国宏,郭弢．我国 FDI、知识产权保护与自主创新能力关系实证研究．中国工业经济,2008(4)

[258]陈晓华,刘慧．要素价格与中国制造业出口技术结构——基于省级动态面板数据的系统 GMM 估计．财经研究,2011(7)

[259]陈羽,邝国良．FDI、技术差距与本土企业的研发投入．国际贸易问题,2009(7)

[260]仇怡,方齐云．基于进口贸易的国际技术外溢测度与应用．中国软科学,2005(10)

[261]道格拉斯·C·诺思．制度、制度变迁与经济成就．刘瑞华译．,1994

[262]邓海滨,廖进中．中国进口贸易技术外溢效应的实证分析．当代经济管理,2006(6)

[263]杜修立,王维国．中国出口贸易的技术结构及其变迁:1980—2003．经济研究,2007(7)

[264]杜建．基于产业技术创新的 FDI 溢出机制研究．杭州:浙江大学,2005

[265]樊纲,关志雄,姚枝仲．国际贸易结构分析:贸易品的技术分布．经济研究,2006(8)

[266]方希桦,包群．国际技术溢出:基于进口传导机制的实证研究．中国软科学,2004(7)

[267]范承泽．FDI 对国内企业技术创新影响的理论与实证研究．经济研究,2008(1)

[268]范黎波．跨国公司技术转移与中国企业学习战略研究．北京:对外经济贸易大学,2004

[269]傅家骥．技术创新学．北京:清华大学出版社,1998

[270]高良谋,李宇．企业规模与技术创新倒 U 关系的形成机制与动态拓展．管理世界,2009(8)

[271]葛小寒,陈凌．国际 R&D 溢出的技术进步效应——基于吸收能力的实证研究．数量经济技术经济研究,2009(7)

[272]郭国峰,温军伟,孙保营．技术创新能力的影响因素分析——基于中部六省面板数据的实证研究．数量经济技术经济研究,2007(9)

[273]郭庆旺,贾俊雪．中国全要素生产率的估算:1979—2004．经济研究,2005(6)

[274]国家统计局．中国统计年鉴 2011．北京:中国统计出版社,2011

[275]关志雄．从美国市场看中国制造的实力——以信息技术产品为中心．国际经济评论,2002(7-8)

[276]郭海昕,王华．开放经济条件下我国的自主创新与研发．国际贸易问题,2010(3)

[277]郭晶．FDI 对高技术产业出口复杂度的影响．管理世界,2010(7)

[278]韩玉雄,李怀祖．知识产权保护对社会福利水平的影响．世界经济,2003(9)

[279]何帆,齐俊妍．中韩出口产品的竞争程度分析．吉林大学社会科学学报,2006(4)

[280]何洁．外国直接投资对中国工业部门外溢效应的进一步精确量化．世界经济,2000(12)

[281]黄菁,赖明勇,王华．FDI 在中国的技术外溢效应:基于面板数据的考察．世界经济研究,2008(10)

[282]黄新飞，舒元．中国省际贸易开放与经济增长的内生性研究．管理世界，2011(7)
[283]胡援成，肖德勇．经济发展门槛与自然资源诅咒．管理世界，2007(4)
[284]江小娟．我国出口商品结构的决定因素和变化趋势．经济研究，2007(5)
[285]江小娟．中国的外资经济．北京：中国人民大学出版社，2002
[286]蒋殿春，张宇．行业特征与外商直接投资的技术外溢效应——基于高新技术产业的经验分析．世界经济，2006(10)
[287]赖明勇，包群，等．外商直接投资的吸收能力：理论与中国的实证研究．上海经济研究，2002(6)
[288]赖明勇，包群，彭水军，等．外商直接投资与技术外溢：基于吸收能力的研究．经济研究，2005(8)
[289]刘志彪．全球价值链中我国外向型经济战略的提升——以长三角地区为例．工业经济，2007(3)
[290]李海峥，梁赟玲，Fraumeni B. 中国人力资本测度与指数构建．经济研究，2010(8)
[291]李磊，等．地区专业化能否提高我国的出口贸易技术复杂度．世界经济研究，2012(4)
[292]李平，崔喜君，刘健．中国自主创新中研发资本投入产出绩效分析——兼论人力资本和知识产权保护的影响．中国社会科学，2007(2)
[293]李平，于国才，宋丽丽．FDI 技术溢出的双重效应检验．世界经济研究，2009(6)
[294]李铁立．外商直接投资技术溢出效应差异的实证分析．财贸经济，2006(4)
[295]李小平，朱钟棣．国际贸易的技术溢出门槛效应——基于中国各地区面板数据的分析.统计研究，2004(10)
[296]李晓钟，张小蒂．外商直接投资对我国长三角地区工业经济技术溢出效应分析．财贸经济，2004(12)
[297]李晓钟，张小蒂．江浙基于 FDI 提高区域技术创新能力的比较．中国工业经济，2007(12)
[298]林发彬．比较优势和我国商品贸易结构的对应分析．经济论坛，2011(3)
[299]林毅夫，张鹏飞．适宜技术，技术选择和经济增长．经济学(季刊)，2005(5)
[300]马征，李芬．从产业间贸易到产业内贸易——我国贸易结构演变的实证研究．国际贸易问题，2006(3)
[301]马天毅．外商直接投资与我国技术创新能力．世界经济研究．2006(7)
[302]马衍军．人力资本与外商直接投资的逻辑与互动研究．财经问题研究，2005(1)
[303]倪海青，张岩贵．我国人力资本水平与 FDI 相互关系的实证研究．中央财经大学学报，2006(12)
[304]倪海青，张岩贵．知识产权保护、FDI 技术转移与自主创新．世界经济研究，2009(8)
[305]潘文卿．外商投资对中国工业部门的外溢效应——基于面板数据的分析．世界经济，2003(6)：3-7
[306]潘士远．最优专利制度、技术进步方向与工资不平等．经济研究，2008(1)
[307]彭恒文，杜运苏．网络效应、市场结构及技术进步——基于异质性偏好视角的分析．产

业经济研究,2010(1)
[308]平新乔. 市场换来技术了吗?. 国际经济评论,2007(5):9-10
[309]平新乔. 外商直接投资对中国企业的溢出效应分析:来自中国第一次全国经济普查数据的报告. 世界经济,2007(8)
[310]齐俊妍. 基于产品技术含量和附加值分布的国际贸易结构分析方法研究. 现代财经,2006(8)
[311]齐俊妍. 中国是否出口了更多高技术产品——基于技术含量和附加值的考察. 世界经济研究,2008(9)
[312]齐俊妍,等. 金融发展与出口技术复杂度. 世界经济,2011(7)
[313]施炳展. 全球贸易失衡的三元边际. 世界经济文汇,2010(5)
[314]疏礼兵. 浙江民营中小企业集群式技术创新模式选择. 科技管理研究,2007(1)
[315]苏振东,周玮庆. 我国对东盟的出口贸易结构及其变迁——基于产品技术附加值分布的贸易结构分析法和变系数面板数据模型的动态分析. 国际贸易问题,2009(3)
[316]苏振东,周玮庆. 出口贸易结构变迁对中国经济增长的非对称影响效应研究——基于产品技术附加值分布的贸易结构分析法和动态面板数据模型的经验研究. 世界经济研究,2009(5)
[317]沈坤荣. 外国直接投资与中国经济增长. 管理世界,1999(5):22-34
[318]沈坤荣,耿强. 外商直接投资的外溢效应分析. 金融研究. 2000(3)
[319]盛丹,包群,王永进. 基础设施对中国企业出口行为的影响:"集约边际"还是"扩展边际". 世界经济,2011(1)
[320]单豪杰. 中国资本存量 K 的再估算:1952—2006 年. 数量经济技术经济研究,2008(10)
[321]孙文杰,沈坤荣. 技术引进与中国企业的自主创新——基于分位数回归模型的经验研究. 世界经济,2007(11)
[322]文东伟. 中国制造业出口的技术复杂度及其跨国比较研究. 世界经济研究,2011(6)
[323]王 滨. FDI 技术溢出、技术进步与技术效率——基于中国制造业 1999—2007 年面板数据的经验研究. 数量经济技术经济研究,2010(2)
[324]王春法. FDI 与内生技术能力培育. 国际经济评论,2004(3)
[325]王飞. 外商直接投资促进了国内工业企业技术进步吗. 世界经济研究,2003(4)
[326]王红领,李稻葵,冯俊新. FDI 与自主研发:基于行业数据的经验研究. 经济研究,2006(2)
[327]王华,许和连,杨晶晶. 出口、异质性与企业生产率——来自中国企业层面的证据. 财经研究,2011(6)
[328]王华,赖明勇,柒江艺. 国际技术转移、异质性与中国企业技术创新研究. 管理世界,2010(12)
[329]王林涵. 外商直接投资与我国自主创新能力的形成. 天津:天津师范大学,2006
[330]王小鲁. 中国经济增长的可持续性与制度变革. 经济研究,2000(7)

[331]王红领,等. FDI与自主研发:基于行业数据的经验研究. 经济研究,2006(2)
[332]王恕立,李龙. 外向FDI影响中国自主创新的机制及实证检验. 世界经济研究,2012(7)
[333]王然等. FDI对我国工业自主创新能力的影响及机制——基于产业关联的视角. 中国工业经济,2010(11)
[334]王欣,王荣涛. 基于技术含量角度分析中国出口贸易结构. 黑龙江对外经贸,2009(1)
[335]王永奇. 比较优势、贸易结构与资本积累:对Mazumdar假说适用性的检验及其扩展. 南方经济,2010(9)
[336]王永进,盛丹,施炳展,等. 基础设施如何提升了出口复杂度. 经济研究,2010(7)
[337]王志鹏,李子奈. 外商直接投资、技术外溢与内生经济增长. 世界经济文汇,2004(3)
[338]魏浩,毛日昇,张二震. 中国制成品出口比较优势及贸易结构分析. 世界经济,200(2)
[339]文东伟. 中国制造业出口的技术复杂度及其跨国比较研究. 世界经济研究,2011(6)
[340]吴延兵. 创新的决定因素——基于中国制造业的实证研究. 世界经济文汇,2008(2)
[341]吴延兵. 中国地区工业知识生产效率测算. 财经研究,2008(10)
[342]吴玉鸣. 空间计量经济模型在省域研发与创新中的应用研究. 数量经济技术经济研究,2006(5)
[343]夏冬. 我国企业技术创新中所有权结构作用的实证研究. 科技进步与对策,2008(11)
[344]冼国明,薄文广. 外商直接投资对中国企业技术创新作用的影响——基于地区层面的分析. 经济科学,2006(3)
[345]解学梅,曾赛星. 基于分类回归的企业技术创新影响因素测评. 工业工程与管理,2009(6)
[346]谢涓,李恒. 对外贸易与内生性经济增长模型及其分析. 统计与决策,2010(6)
[347]许和连,栾永玉. 出口贸易的技术外溢效应:基于三部门模型的实证研究. 数量经济技术经济研究. 2005(9)
[348]许春明,单晓光. 中国知识产权保护强度指标体系的构建及验证. 科学研究,2008(4)
[349]许培源,胡日东. 贸易结构、人力资本与经济增长——基于福建省数据的经验研究. 国际经贸探究,2008(5)
[350]许庆瑞. 研究、发展与技术创新管理. 北京:高等教育出版社,2002
[351]徐磊,黄凌云. FDI技术溢出及其区域创新能力门槛效应研究. 科研管理. 2009(2)
[352]徐涛. 引进FDI与中国技术进步. 世界经济. 2003(10)
[353]姚洋. 非国有经济成分对我国工业企业技术效率的影响. 经济研究,1998(12):29-35
[354]姚洋,章奇. 中国工业企业技术效率分析. 经济研究,2001(10)
[355]姚洋,张晔. 中国出口品国内技术含量升级的动态研究——来自全国及江苏省、广东省的证据. 中国社会科学,2008(2)
[356]颜鹏飞,王兵. 技术效率、技术进步与生产率增长:基于DEA的实证分析. 经济研究,2004(12):55-65
[357]杨春艳,綦建红. 关于中美农产品贸易结构的实证分析. 农业技术经济,2006(2)

[358]杨汝岱,姚洋.有限赶超与经济增长.经济研究,2008(8)
[359]杨克泉,等.跨国公司技术转移与中国技术进步的战略选择.国际经济评论,2005(4)
[360]杨全发.中国地区出口贸易的产出效应分析.经济研究.1998(7)
[361]杨全发,舒元.广东对外贸易促进经济增长分析.世界经济文汇,1999(4)
[362]杨全发,韩樱.知识产权保护与跨国公司对外直接投资策略.经济研究,2006(4)
[363]叶灵莉,赵林海.进口贸易结构与技术进步的实证研究.经济管理,2008(8)
[364]易先忠,张亚斌,刘智勇.自主创新,国外模仿与后发国知识产权保护.世界经济,2007(3)
[365]易晓文.基于BP神经网络的民营企业技术创新能力的模糊综合评价.数量经济技术经济研究,2003(8)
[366]余道先,刘海云.中国生产性服务贸易结构与贸易竞争力分析.世界经济研究,2010(2)
[367]元朋,许和连,李海铮.技术差距与外商直接投资的技术溢出效应.数量经济技术经济研究,2009(9):92-106
[368]袁其刚,戴金平,刘斌.贸易结构变化促进经济增长途径的比较分析——基于中国数据的经验研究.世界经济研究,2011(11)
[369]喻世友,史卫,林敏.外商直接投资对内资企业的溢出渠道的研究.世界经济,2005(6):46-54
[370]张超.产品创新、供求互动与中国经济内生增长研究.科研管理,2011(10)
[371]张杰,李勇,刘志彪.出口与中国本土企业生产率:基于江苏制造业企业的实证分析.管理世界,2008(11)
[372]张杰,李勇,刘志彪.出口促进中国企业生产率提高了吗?——来自中国本土制造业企业的经验证据:1999—2003.管理世界,2009(12)
[373]张鸣.我国对外贸易结构及其比较优势的实证分析.国际贸易问题,2006(4)
[374]张彬,汪占熬.中国—东盟自由贸易区贸易结构效应的实证分析——基于1995—2008年HS92商品分类面板数据.世界经济研究,2011(1)
[375]张彬,杨勇.中欧贸易流量影响因素与作用机制的实证分析.世界经济研究,2009(1)
[376]张军,章元.对中国资本存量K的再估计.经济研究,2004(10)
[377]周靖祥,曹勤.FDI与出口贸易结构关系研究(1978—2005年)基于DLM与TVP模型的检验.数量经济技术经济研究.2007(9)
[378]周黎安,罗凯.企业规模与创新:来自中国省级水平的经验证据.经济学(季刊),2005(3)
[379]周燕,齐中英.基于不同特征FDI的溢出效应比较研究.中国软科学,2005(2):14-139
[380]钟昌标.外商直接投资地区间溢出效应研究.经济研究,2010(1):80-89
[381]祝树金,邓群飞.中国—东盟的贸易结构和技术水平的动态变迁与比较.湖南大学学报(社会科学版).2011(4)
[382]祝树金,陈艳,谢锐."龙象之争"与"龙象共舞"——基于出口技术结构的中印贸易关

系.统计研究,2009(4)

[383]祝树金,戢璇,傅晓岚.出口品技术水平的决定因素:来自跨国面板数据的证据.世界经济.2010(4)

[384]祝树金,涂志敏.我国制造业出口技术结构的动态变迁及驱动因素分析.财经理论与实践.2012(4)

[385]邹武鹰,元朋,许和连.出口贸易对我国技术创新的影响效应研究.湖南大学学报(社会科学版),2008(4)

[386]邹武鹰,许和连,赖明勇.出口贸易的后向链接溢出效应——基于中国制造业数据的实证研究.数量经济技术经济研究,2007(7)

[387]庄子银.知识产权、市场结构、模仿和创新.经济研究,2009(11)